Déclarer la paix

Cédric Casanova de Lahary

Déclarer la paix

Les Éditions du Panthéon
12, rue Antoine Bourdelle 75015 Paris
Tél. 01 43 71 14 72
www.editions-pantheon.fr

ISBN 978-2-7547-5672-3

Il est souvent agréable de se souvenir du temps qui passe. Se remémorer ses épreuves, ses joies, ses difficultés, est pour chacun une source de réflexion et de partage. Il est bon de communiquer à ses proches ce par quoi l'on est passé. Si ma vie, à cet instant, pourrait se résumer à un ensemble de bohèmes et de déboires et qu'elle aurait sans doute quelque intérêt à être contée, je lui préfère celle qui va m'advenir. J'ai pris le parti dans ce livre de raconter ce qui va m'arriver, en étant le plus fidèle possible à ce que je pense et à comment je veux que le monde avance avec moi. Beaucoup de romans d'anticipation traitent d'un futur qu'il faut éviter, je vais vous parler d'un avenir que je souhaite. J'ai longtemps attendu que mes aspirations soient portées par d'autres. Je considère aujourd'hui que je dois changer les choses moi-même, puisque peu le font pour moi. Alors je participe au débat, en espérant être entendu. Si c'est une fiction que vous avez entre les mains, il y a une petite chance que la réalité la rejoigne, d'une manière ou d'une autre, et que ces modestes lignes aient un effet sur l'avancée du monde. Alors, je vous souhaite une bonne lecture.

Un soleil pâle éclaire ma petite campagne d'adoption. Francilien d'origine, je me suis installé dans la Creuse, en grande partie pour écrire ce livre. Il sort aujourd'hui en librairie. Je l'ai déjà envoyé à mes proches et les avis sont mitigés. La plupart en ont apprécié la lecture, mais certains me disent que je suis fou, que je vais trop loin. Que je vais me casser les dents, qu'on va rire de moi. Quelques-uns sont même inquiets. De mon côté, je suis content de voir aboutir plusieurs mois de travail. Un de mes rêves s'accomplit, c'est une grande chance. J'ai rendez-vous aujourd'hui avec le quotidien régional pour un article sur le roman. J'ai demandé qu'on ne parle pas du contenu, une révélation maladroite et c'est la fin de la vie du livre. Alors on parle de mon parcours, de l'envie de me mettre au vert, je vante les joies de la région, on parle un peu littérature, de mes influences. Cela se passe plutôt bien. J'avais pris le soin de ranger un peu ma vieille maison de pierre. L'interview terminée, le journaliste me demande :

— Alors, vous allez faire tout ça ? Vous croyez que vous allez vivre tout ça ?

— C'est possible. Je l'espère en tout cas.

— Ce serait incroyable, pour vous et pour nous tous…

— J'en conclus que vous êtes plutôt partant pour me soutenir !

— À cent pour cent. Enfin presque, j'ai quelques idées à vous soumettre si je peux me permettre...
— Bien sûr, allez-y !

Nous sommes restés à parler jusqu'à la nuit, il m'a proposé des choses intéressantes, mais il m'a surtout suggéré des conseils stratégiques pour promouvoir le succès du livre, condition préalable à tout le reste.

Les jours suivants ont été difficiles, faits d'attente et de doute. Si le journaliste m'avait donné confiance, je redoutais les chiffres de la première semaine de vente. Et j'avais peur. Du ridicule, surtout, que ce roman passe pour un délire mégalomane, qu'on s'attaque à ma plume, que je loupe mon propos. L'éditeur avait eu confiance. Il avait dit qu'on ne lisait pas souvent des choses de ce genre et que ça valait le coup de tenter. Je travaillais aux champs pour m'occuper. C'était sain, simple et ça me faisait penser à autre chose. Et puis un matin, les chiffres tombent. Dans la moyenne, sans plus. Je me dis que ce n'est pas normal, un livre comme ça, c'est soit le succès, soit le tollé, mais la moyenne, non ! On me rassure, on me dit que pour les livres, surtout les premiers romans, le succès se mesure sur le long terme. Je continue à me morfondre. Pourquoi n'ai-je pas gardé ma petite vie humble, sans souci dans les derniers temps, pourquoi me suis-je lancé dans une aventure comme celle-ci ? Je lis les commentaires faits sur mon roman sur les différents sites de vente et sur les blogs dédiés, les avis sont très partagés. « Fou », « génial », côtoient les « pathétique », « affligeant », mais dans l'ensemble, les premiers prévalent. Il y a donc un réel écart de réception du livre, comme je l'ai prévu. Grâce à mon éditeur, j'ai la possibilité d'avoir une inter-

view dans un quotidien national. Je monte cette fois à Paris pour rencontrer une journaliste dans un café. J'ai pris soin de réserver des places de théâtre, afin de voir jouer mes anciens compagnons, il était un temps où j'étais acteur. Au bout de plusieurs années de scène, j'avais dû me résoudre à l'idée que ce métier n'était pas fait pour moi, le théâtre, et notamment le théâtre d'improvisation, étant trop gourmand en énergie pour ma petite personne. Peut-être aussi que je n'étais pas assez bon ou mes ennuis de santé avaient-ils joué en ma défaveur. Toujours est-il que j'avais gardé de bons contacts avec mes camarades de l'époque et que j'avais envie de les voir jouer. Assis à une table de la brasserie, j'attends, vissé à mon portable. Sans qu'ils pleuvent réellement, il y a régulièrement des avis un peu confidentiels qui sortent sur le roman et je n'en rate pas une miette, me préparant peut-être ainsi à recevoir les différentes critiques et à y répondre. La jeune femme arrive, le sourire aux lèvres. Nous nous saluons chaleureusement.
— C'est merveilleux ce que vous avez écrit !
— Merci ! Je suis content que ça vous ait plu !
— Vous allez avoir besoin d'aide…
— Ça, c'est certain !
— Je vais faire tout ce qui est en mon pouvoir pour vous aider. Votre roman va avoir du mal à passer. Entre l'anticipation, la politique et une sorte de philosophie de vie plutôt joyeuse, vous êtes à la croisée des chemins.
— Ce que j'ai écrit n'est pas habituel, c'est sûr…
— On peut commencer l'interview ?
— Bien sûr !

Fidèles aux règles que j'avais fixées, nous parlons peu du contenu du livre, mais plus du contexte littéraire, poli-

tique ; elle ne cherche pas à me piéger, mais plus à m'aider. Elle reformule ce que je dis mal et corrige mes approximations avec beaucoup de douceur. Je passe un moment très agréable en sa compagnie et l'interview prend fin. Nous nous remercions, elle me dit le mot magique – j'y reviendrai — et prend congé. Avant qu'elle ne sorte, je la rattrape et lui propose de m'accompagner au théâtre le soir même. Elle accepte et j'en suis tout chamboulé. Elle visse son béret et me lance un joyeux :
— À ce soir.

Je passe l'après-midi à flâner dans les rues de Paris, m'arrêtant dans les librairies préférées de ma jeunesse dans la capitale. J'en profite pour parler du livre ; les libraires ne l'ont pas encore lu, mais ils l'ont. Ils sont globalement contents qu'on s'intéresse à leur travail et qu'un auteur prenne le temps de s'occuper de sa communication. Arrive le soir et je retrouve la journaliste au théâtre. Elle me dit qu'elle a pris le temps de rédiger le papier dans l'intervalle et que l'article paraîtra le lendemain. Nous nous installons dans la petite salle. Comme d'habitude pendant les spectacles d'improvisation, le public est très réactif et si la construction des histoires et le jeu des acteurs sont toujours plus approximatifs que dans une pièce où le texte est fixe, la bonne humeur, elle, est au rendez-vous. Après le spectacle, nous buvons un verre avec les comédiens. L'alchimie du petit groupe fonctionne. J'offre quelques exemplaires du livre et nous prenons congé. Et ce moment tant attendu arrive, on est deux, on se parle, on va peut-être s'embrasser. Combien de fois ai-je manqué ce moment, par stress, par trop d'anticipation... Nous marchons, dans un quartier agréable, nous parlons et je commence à dire n'importe quoi, je ne réfléchis plus,

préoccupé par l'idée de faire de cet instant quelque chose de beau.
— T'en fais pas, tu l'as déjà écrit…
— Ah ? Heu oui, c'est vrai…
— Et moi aussi, j'ai plutôt envie qu'on s'embrasse.
— Tu veux dire que même ça, ça va se réaliser ?
— Ça, comme tu dis, ça ne me semble pas le plus difficile.

Elle se plante devant moi. Elle fait à peu près ma taille. Je ne peux plus reculer. La manière dont ça se passe me plaît. Au-delà du plaisir du baiser, je ne peux pas m'empêcher de penser que c'est incroyable que ce que j'ai écrit s'accomplisse. C'est fou. Elle est douce, on tente des choses. On sent que ce n'est pas notre première fois – j'ai trente-huit ans, elle un peu moins —, on sait ce qu'on fait et c'est terriblement agréable. La nuit est froide, mais on rit et on fait des pauses bisous. Jusque chez elle.

La nuit se passe exactement comme je l'avais décrite dans le roman.

Au matin, elle me dit :
— J'aime bien dans le livre le moment où je te demande de m'appeler Loïs et que tu rechignes en disant que tu n'es pas Superman. C'est drôle parce que c'est toi qui l'as écrit. Tu écris quelque chose et tu ne veux pas que ça arrive.
— Je me suis dit qu'en lisant, les gens allaient se dire « il se prend pour Superman », alors j'ai introduit un personnage qui s'amuse à me prendre pour Superman, comme ça, je lutte et je démontre que ma démarche est parfaitement rationnelle.
— OK. Déjà, ce personnage n'est plus un personnage puisque je suis là, avec toi, dans la vie réelle. Et je veux

quand même que tu m'appelles Loïs. Avec tout ce que tu veux faire, si c'est pas de l'ordre de Superman, je sais pas ce que c'est. J'ai passé ma vie à attendre l'arrivée d'un super-héros, alors bon, côté physique, c'est pas tout à fait ça, mais si tu arrives à accomplir ne serait-ce qu'une petite partie de ton projet pour le monde, je pourrai t'appeler Superman. On le dira pas.

Et c'est comme ça finalement que j'ai donné un nom de code à une des premières personnes qui m'a aidé dans le dur labeur qui m'attendait. C'était ça, le mot magique qu'elle m'avait donné le matin même. Elle m'avait dit « Merci Clark », le nom civil de Superman, et c'était ça qui m'avait permis de décoincer un peu la machine et de prendre les devants.

Je suis reparti dans ma campagne. Je n'étais pas satisfait de ces sobriquets, en même temps, je les avais écrits, mais j'étais content que ce que j'avais prévu advienne. Il fallait que je tienne, que je m'accroche, et le reste suivrait. En bêchant, je faisais le point. Loïs était formidable et l'article qu'elle avait signé, bien tourné, donnait vraiment envie de lire le roman. On s'appelait tous les soirs pour échanger. Ses proches, qui découvraient le livre – il se lisait rapidement –, étaient étonnés que la réalité rejoigne la fiction et se félicitaient de notre rencontre. Je devais remonter à Paris sous peu, pour la voir, et aussi parce que j'avais ma première interview télévisée. Même si je l'avais anticipée, j'étais mort de trouille. C'était une émission tardive, sur une petite chaîne, mais se montrer à l'image était une étape plus difficile à franchir. J'avais prévu le coup et j'avais laissé pousser une barbe courte, ainsi qu'une coupe de cheveux rase elle aussi. J'avais eu à peu près toutes les pilosités possibles, mais c'était ce qui semblait m'aller le mieux. Le jour même, je déjeunai avec Loïs, qui passa son temps à me rassurer ; elle se régalait de faire des blagues sur le livre, elle me disait que ce n'était qu'une formalité, que c'était la suite qui importait, que de toute façon, le livre allait faire un carton, je l'avais écrit. Elle était si enthousiaste que je perdais peu à peu mes appréhensions.

C'est donc plutôt confiant que je me rends sur le plateau. Il y a une grande table, avec une place pour le présentateur, une pour chacun des deux chroniqueurs et trois fauteuils pour les invités. Une fois les micros installés, les présentations faites, plutôt cordiales, l'émission commence.

Les deux autres invités sont des écrivains confirmés ; je connais et apprécie beaucoup le travail de l'un d'entre eux. Avec l'un, puis avec l'autre, les chroniqueurs sont tout sourire, bienveillants, dithyrambiques même, avec celui que je connais moins. Je sais que mon tour va venir et je me rends compte qu'ils ne peuvent pas garder ce ton avec tous leurs invités. Avant même la première question, je sens aux tournures de phrases qu'ils emploient avec mes collègues que je vais passer un sale quart d'heure. Et mon tour vient.

— Vous avez écrit un roman d'anticipation qui conte votre destin et celui du monde. La partie « roman dans le roman » est agréablement tournée, mais le contenu n'est-il pas trop simpliste, voire démagogique ?

— Je ne voudrais pas révéler ce qu'il y a dans le roman, mais je crois que plus les problèmes sont grands, plus ils ont des solutions simples.

— Vous pensez qu'on peut apporter la paix dans le monde

juste en le décidant ? Excusez-moi, mais vous n'êtes pas le premier à souhaiter la paix et je ne pense pas qu'un discours suffise…
— Je ne vous remercie pas de mettre en lumière un des thèmes importants du roman. J'avais demandé qu'on ne parle pas des idées décrites dans l'ouvrage.
— Il faudra bien les défendre, ces idées. Je précise pour nos téléspectateurs que dans le roman, vous anticipez votre première interview télévisée, qu'elle se passe à merveille, seulement là, je me permets de créer une légère dystopie en ne respectant pas votre demande de ne pas parler du contenu du livre et en vous poussant un peu dans vos retranchements concernant cette idée de paix dans le monde, qui est pour moi terriblement bateau, voire un peu niaise. Vous croyez vraiment arrêter les guerres par des mots, pour toujours ? Vous y croyez ou vous êtes là pour vendre du papier ?
— Effectivement, ça ne se passe pas exactement comme je l'ai écrit. Mais je vais vous répondre. Oui, on peut « Déclarer la Paix Mondiale ». Je le pense. Et je sais exactement comment faire. J'en parle dans le roman.
— Je sais. Mais au-delà de toutes les sottises – permettez-moi – que vous proférez dans cet ouvrage, je me dis qu'on n'a pas besoin de lire les errements d'un innocent en mal de reconnaissance.
— Je suis désolé d'avoir encore de l'espoir, pour moi et pour les autres.

Le présentateur nous reprend alors la parole, qu'il redistribue aux deux rhéteurs expérimentés autour de moi. L'émission se termine. Le chroniqueur qui m'a dézingué vient, dans une sorte de souriant charabia, s'excuser et m'encourager, tout en défendant la ligne de sa rédaction.

Derrière, le second m'adresse un petit geste de solidarité, me faisant comprendre qu'il a apprécié mon roman. Le présentateur discute avec les deux autres écrivains et on sent à sa manière de s'animer qu'il est ému. Je les salue rapidement et m'en vais.

Chez Loïs, je suis abattu. Elle a regardé l'émission en direct et elle l'est aussi. Je sens qu'elle ne me regarde plus comme ce midi, que quelque chose est rompu. On boit un peu, on se câline un peu, mais je sens qu'à ses yeux, j'ai perdu mes « superpouvoirs ». Dans la Creuse, je sème, je plante. Ma phrase « Déclarer la Paix Mondiale » est devenue virale sur les réseaux sociaux et s'utilise pour désigner un illuminé, voire un imbécile. Je regrette d'être resté sur ma position de ne rien dévoiler. Je me dis que j'aurais dû défendre mieux mes idées, quitte à mettre en lumière une partie du livre. Au lieu de ça, certains de mes proches se retrouvent à avoir raison, je suis la risée de beaucoup et ça fait mal. Au village, on s'échange des mines déconfites, les commerçants me disent que ça va passer, qu'on a tous des épreuves. Je m'achète quand même une belle bouteille de whisky, j'ai besoin de noyer un peu tout ça. Le lendemain, la tête un peu à l'envers, je découvre les ventes de la semaine précédente. Elles sont au plus haut. Le *bad buzz* fonctionne et les gens, tout en se moquant, se renseignent, sont curieux. Depuis l'incident, j'ai de plus en plus d'abonnés sur les réseaux sociaux, comme jamais en fait. J'ai de mauvaises surprises bien sûr, des gens qui clairement se foutent de moi, mais j'ai quelques messages d'encouragement aussi. Alors je passe ma vie aux champs, je commence à laisser de côté mon téléphone. Je ne regarde plus les critiques, je m'avoue enfin que j'ai fait une connerie, que c'est réel-

lement un tissu de bêtises ce que j'ai écrit. Loïs et moi ne nous appelons plus, ça s'est terminé un peu comme ça, de manière naturelle. Je touche un premier chèque suite aux ventes du livre. Je me fais plaisir en achetant un peu d'alcool, des graines et je commence à réfléchir à un petit voyage. Être incognito quelques jours me ferait du bien, je n'en peux plus de ces regards de compassion dès que je sors. À la station essence, je fais le plein d'éthanol et je fanfaronne un peu devant la caissière.
— Je pars en Espagne quelques jours !
— Génial ! Vous m'emmenez avec vous ?
— Avec plaisir !
— Sérieusement, vous acceptez que je parte avec vous ? Je suis encombrante et je parle beaucoup !
— Vous n'êtes pas si encombrante que ça et je suis sérieux, je pars trois jours, si vous voulez venir, vous êtes la bienvenue !
— Je passe un ou deux coups de fil et je suis à vous !
— C'est merveilleux !

Ça s'était passé comme dans un début d'improvisation, où en quelques mots tout se décide, où l'acceptation permet de faire démarrer l'aventure. Je suis aux anges ! Quelques dizaines de minutes plus tard, la voici qui entre dans la voiture, toute souriante. Ça fait quelques semaines qu'on se tourne autour, les formules de politesse se rallongeant, les sourires se faisant plus insistants, et je suis ravi que cette personne me suive dans mon voyage. Elle dit :
— Je vous préviens, je parle beaucoup !
— Tant mieux, ça me plaît !
— Et j'adore la route, les paysages, les panneaux, le bitume...
— Le bitume ? C'est vrai que moi aussi j'aime bien le

bitume. En même temps, j'ai grandi à Paris, je suis un habitué…
— Un habitumé même !

Ça commençait à vraiment ressembler à une improvisation, avec ces jeux de mots à la noix. On a d'ailleurs continué sur le macadam et les noix de macadamia, sur le fait de pas bé-ton dans le béton, après on a dérivé sur les voitures, en disant que si les Porsche rient, c'est parce qu'elles boivent du chèvre au lait. Bref, on rigole bien les deux cents premiers kilomètres. Après, je sens qu'elle commence à bâiller et à me regarder avec insistance. Je m'arrête et on s'embrasse. Ou plutôt, on se mange la bouche, tout excités de la soudaineté avec laquelle cette aventure nous tombe dessus. Je ne sais pas exactement comment on redescend dans les tours, mais on arrive finalement à se calmer un peu. On reprend la route. Elle me dit qu'elle ne lit pas, qu'elle préfère la vie. Qu'elle a connu des gens qui ne vivaient leur vie qu'à travers l'œuvre des autres et qu'elle préfère sa propre expérience. Elle dit en riant que comme ça, elle ne pourra jamais me juger à travers mon livre et que je resterai vierge de toute critique de sa part. Je lui dis qu'au point où j'en suis, ce n'est pas une mauvaise chose. On discute de mon champ, ça l'intéresse, je lui parle de ce que je fais pousser, des saisons, et à force de parler nature, on passe la frontière. J'ai réservé un hôtel devant lequel nous faisons halte. Le restaurant est très sympa et nous sommes tout sourire. Elle me fait remarquer qu'avec moi, la vie est chouette et je lui réponds que c'est ce que je chouette à tout le monde. Elle ne rit pas mais me gratifie quand même d'un joli sourire. Dans la chambre, un peu ivres, on passe une nuit folle. On est loin de chez nous, j'aurais dû être seul ici, elle n'avait pas prévu de bouger le matin même. Elle continue à parler tout le temps, même pendant nos ébats, et je dors peu. Dans la voiture, le lendemain, elle s'assoupit rapidement et j'en profite pour la regarder à la dérobée tout en conduisant. Je me sens bien, le livre est derrière moi, même si en faisant ce voyage je ne l'oublie pas complètement. J'ai pour projet de m'acheter une épée. Symboliquement, je le fais pour défendre mes idées. Je sais que promouvoir la paix en se procurant une arme, c'est un peu antinomique, mais l'idée me plaît. Nous arrivons à Tolède en fin de matinée. Au cœur de la cité médiévale, la boutique est magnifique, toutes sortes d'armes se côtoient, mais je repère bien vite celle qu'il me faut. Dans cet environnement feutré, celle qui m'accompagne parle à voix basse.

— Tu veux qu'on les essaie ? Je veux bien en prendre une et donner quelques coups !

Je résiste à la tentation de dire oui. Parfois, dans une bonne improvisation, il faut savoir dire non. Ni elle ni moi ne connaissons l'escrime, on en a parlé, et je ne veux pas risquer le ridicule devant l'armurier. Les quelques mots d'espagnol que je connais me permettent de mener la transaction et nous repartons. Après avoir visité rapidement les environs, nous prenons le chemin du retour pour nous retrouver dans le même hôtel que la veille. On parle chevalerie, je lui dis qu'un de mes ancêtres avait été adoubé, d'où la particule à mon nom. Elle me répond que tout ça c'est du passé et que même si c'est plutôt rigolo, je devrais regarder devant moi. Elle dit ça pour que je la regarde et je ne m'en prive pas. On passe une très belle nuit. Au point du jour, la lumière de printemps est bien

douce et la route se passe à merveille. Je la dépose au pied de son immeuble en fin de journée. Elle me remercie et on convient de se revoir le lendemain. Chez moi, je me pose enfin. Les trois jours de route m'ont exténué. Je pose mon épée en évidence contre un mur. Je m'apprête à me coucher – il est vingt heures – quand le téléphone sonne.
— Allô, bonjour, c'est Monsieur D., député de la majorité. Nous nous connaissons…
— Oui, tout à fait, nous nous étions rencontrés quand je militais pour votre parti.
— En effet. J'ai lu votre livre et nous sommes plusieurs à avoir fait de même. Si nous ne sommes pas d'accord avec tout, il y a quelques idées que nous trouvons très intéressantes et que nous voudrions proposer sous forme de projet de loi.
— C'est inespéré. À quelles idées faites-vous référence ?
— À tout ce qui concerne le logement et la mobilité.
— Et vous voulez mon accord ?
— Oui, votre accord et votre discrétion. Suite à vos déconvenues médiatiques, nous voudrions présenter le projet de loi sans vous citer de prime abord. L'opinion se chargera de reconnaître vos idées par la suite.
— Vous savez que ce qui compte pour moi, c'est que mes idées passent, existent. Peu importe que vous me citiez ou non.
— Formidable, je vous tiens au courant sous peu. Bonne soirée.
— Merci, bonne soirée à vous aussi.

C'était réellement inespéré. Mes propositions pour « le logement et la mobilité », comme l'avait résumé le député, jetaient les bases d'un changement des modes de déplacement et d'hébergement. Je proposais que chaque ville, chaque village, ait une auberge, à très bas coût, pour loger les gens de passage ou ceux dans le besoin. Sur le modèle des auberges de jeunesse, pour une somme symbolique, la municipalité, elle-même soutenue par l'État, pourrait proposer un certain nombre de lits. Bien sûr, ça augmenterait la capacité d'hébergement en cas de catastrophe naturelle, cela permettrait aux différentes associations de pouvoir héberger les participants de leurs différentes manifestations. Mais surtout, n'importe qui pourrait loger n'importe où. Cette mesure me tenait à cœur. Le volet « mobilité » était plus ardu à mettre en place. J'avais écrit que l'on devait trouver des alternatives au déplacement motorisé, notamment sur les longues distances. Encourager le cyclisme, le voyage pédestre et équestre, en y ajoutant même la monte d'autres animaux. Pour cela, il fallait créer des voies praticables en bordure des routes départementales, nationales et même des autoroutes. C'était un projet titanesque, qui demandait une refonte totale des infrastructures du pays. Mais écologiquement, et spirituellement, le jeu en valait la chandelle. On revenait ainsi au temps long, au voyage initiatique. Pour moi, le pays ne se prêtait pas pour l'instant aux pérégrinations, les routes étaient faites uniquement pour les véhicules à moteur et c'était dommage. Avoir des piétons, des cavaliers, des cyclistes ne pouvait que dynamiser l'économie. Après une journée de voyage, on a besoin de se reposer et on consomme. Les aires d'autoroute, de voies rapides, pourraient accepter les animaux, loger les voyageurs, il suffirait de créer une voie en terre, bordée par une glissière de sécurité. J'avais tout pensé, tout écrit et voilà que mon idée allait être reprise. J'ai eu du mal à m'endormir.

***

Le lendemain, quelques arbustes sont en fleurs. Je n'ai pas grand-chose à faire en attendant de voir 604. Elle m'a nommé 405, elle dit que les noms de voiture à numéros, elle trouve ça drôle, ça fait un peu nom de code. Je ne lui ai pas parlé de Loïs. Cette femme que je nomme 604, je n'avais pas prévu de la rencontrer, et elle me fait un bien fou. C'est une compagne qui n'a pas besoin de mes utopies. Et pourtant, mes idées vont peut-être devenir bien réelles. Ce député, que j'ai connu quand il était dans l'opposition, avait maintenant une voix importante à l'Assemblée et j'allais peut-être voir mes idées prendre forme. Je n'y crois pas tout à fait et je déambule dans mon champ le sourire aux lèvres. Vers midi, je prélève quelques carottes et je déjeune sur le pouce. Mon épée va bien. Je bosse un peu sur mon prochain ouvrage. J'ai tout dans la tête, ça va vite. J'y passe l'après-midi. 604 m'a convié à une soirée chez elle. Après notre bel aller-retour, il faut que je fasse bonne impression à ses amis. Je redoute un peu. Quand j'entre, il y a déjà du monde à l'intérieur. J'ai ramené des fruits et du vin, que je pose sur la table du salon. Les gens s'animent sur les canapés, je me sens en confiance, l'improvisation m'a donné l'habitude de briller en société sans trop d'efforts. On me félicite pour mes fruits, on parle de notre récent voyage, tout se passe bien. Et retentit cette phrase :
— J'ai pas trop aimé ton livre.
— Ah. Qu'est-ce qui t'a déplu ?
— Ben déjà les « idées ». « Déclarer la paix mondiale » !

Plusieurs personnes rient à ce trait devenu familier. Il continue.

— Cette histoire d'animaux sur les routes, c'est complètement rétrograde.
— C'est la place du moteur qu'il faut rétrograder.Je regrette aussitôt ce jeu de mots qui ne fait rire personne. Il enchaîne.
— Et la forme ! Tu n'as pas assez de fond alors tu inventes des histoires d'amour à la con pour combler les vides.
— C'est par l'amour qu'on changera les choses. C'est pour ça que le récit est émaillé d'histoires d'amour.
— Et cette histoire de légaliser le trouple, quelle connerie !

À ce moment, quelqu'un intervient.
— Qu'est-ce que c'est, le « trouple » ?
Je réponds.
— Le trouple, c'est une union de trois personnes. C'est comme un mariage, mais à trois. Ça permet de légaliser des pratiques qui se font déjà, on peut aussi plus facilement assurer financièrement quand on est trois et qu'on a des enfants.
— C'est le retour à la polygamie, tout ce que tu proposes dans ton torchon, c'est de perdre des siècles d'évolution.

Je commence à m'échauffer. Je parle plus vite en ne le quittant pas des yeux. J'ai dit que je défendrais mes idées et c'est la première fois que je le fais vraiment. 604 me regarde avec des yeux ronds, étonnée et amusée que je m'emporte.
— Le trouple, c'est autant pour deux femmes et un homme que pour l'inverse. Dans ce dernier cas, on l'appelle la polyandrie. On va avoir besoin de cet outil-là pour donner des droits aux polyamoureux. Un jour, on aura des mariages à quatre ou à cinq. Ces gens-là, dont peut-être un jour je ferai partie, et peut-être toi aussi,

ont besoin d'avoir leur foyer reconnu, accepté. C'est le monde qui avance.

On a commencé à débattre du trouple tous ensemble. À la fin, celui qui m'avait alpagué est venu s'excuser d'avoir été si vif. Il me rappelle le chroniqueur télé qui m'avait détruit pour ensuite me caresser dans le sens du poil. Je lui réponds que je comprends, que ce que j'ai écrit ne peut pas se réaliser en un jour et que j'ai conscience, d'une part des failles de mon livre, d'autre part qu'il y a du chemin pour convaincre les gens. On s'est serré la main presque chaleureusement et il est sorti. Les invités quittent peu à peu la fête et je me retrouve seul avec mon hôte. Elle me dit :
— Tu t'es bien défendu. Mais heureusement que tu n'avais pas ramené ton épée, tu l'aurais pourfendu... J'aime bien quand on te contredit et que tu montes sur tes grands chevaux, on dirait que tu joues ta vie. Mais cette histoire de trouple, ça me plaît pas trop, j'ai pas envie de te partager.
— Je n'ai pas dit que je voulais ça pour nous...
— J'aime la vie normale moi, aller au boulot, partir en vacances en voiture, laisser les autres pays faire la guerre s'ils le souhaitent, vivre l'amour à deux, l'option classique finalement.
— Pour que le classique ait de la valeur, il faut autoriser les gens à sortir de la norme.
— Tu fais des phrases.
— Oui, je fais des phrases, j'aime bien faire des phrases, je suis écrivain.
— Ton bouquin, les gens ne l'apprécient pas et moi je ne l'ai pas lu. Ce que j'aime en toi, c'est le mec qui se la pète parce qu'il part en Espagne, qui crame du biocarburant

en faisant des blagues, qui achète des sodas sur les aires d'autoroutes. Si tu te balades avec des lamas pendant des semaines, moi je vais me faire chier. Je n'ai pas besoin de quête de sens, de profiter de chaque kilomètre, je vais d'un endroit à un autre et si je peux aller vite et être bien accompagnée, c'est le bonheur. Viens, on va déclarer la paix mondiale.

C'est notre code pour faire l'amour. Ça me permet d'associer le traumatisme de la phrase à autre chose. On fait ça tout en tendresse ce soir-là.

Les semaines suivantes sont douces. Le temps est clément, ça pousse bien, je travaille au champ le matin et à l'écriture l'après-midi. Parfois, le soir, je vois 604, qui a pris l'habitude de me rendre visite dans ma vieille maison. Bientôt je dois me rendre à Lyon pour jouer. Je me suis laissé tenter. Je vais refaire un peu de théâtre. Ma notoriété, quoique sulfureuse, a donné envie à d'anciens partenaires de jouer de nouveau avec moi. On va faire un spectacle sur l'utopie, où je vais mettre en pratique mes idées, en utilisant les thèmes du public pour aiguiller les récits. De l'improvisation, comme j'ai toujours aimé. On est quatre comédiens sur le spectacle et on a quatre jours de répétitions avant de jouer trois dates, du vendredi au dimanche. Tout de suite, je me sens bien avec eux. Je les connais de longue date. Ils ont connu mes déboires, anciens et récents. Ce sont d'excellents artistes et le travail se passe à merveille. La première représentation nous amène dans une direction que nous n'avions pas prévue : que donne l'excès de liberté ? C'est ce qui ressort de cette performance, où les protagonistes, affranchis de toute contrainte, laissent évoluer leurs envies, leurs vices

parfois. Nous avons l'impression d'aller loin dans l'évolution des personnages et le déroulement de la trame, le spectacle terminé, nous satisfait. Autour d'un verre, la vieille habitude de parler du show à peine achevé nous prend. Je me rapproche d'une des comédiennes. On finit par fausser compagnie à la tablée. Je me sens un peu étourdi par cette liberté que je me donne de conter fleurette alors que j'ai déjà quelqu'un dans ma vie. Bien sûr il y a l'écho du spectacle, ces histoires de trouple... Mais pendant que je suis dans mes pensées, elle devient grave.
— Tu t'es couvert de ridicule, mais il ne faut pas que tu lâches le morceau. T'es un visionnaire, Bernard.

Depuis, le début de la semaine, elle m'appelle Bernard. Je ne sais pas quoi répondre, alors je ne dis rien. On est sur un pont qui enjambe un des fleuves lyonnais. Elle grimpe sur la rambarde. La main sur un réverbère, elle est debout au-dessus de l'eau. Elle reprend.
— Il ne faut pas avoir peur. Le monde est prêt à changer, il nous attend. Grimpe !

Pendant que je lui emboîte le pas, elle entreprend l'ascension du réverbère. Elle a des notions d'acrobatie et elle monte avec aisance. Je n'ai pas ses talents et pour atténuer le sérieux qu'elle a adopté, je lance une petite improvisation. Je suis un pompier et elle est un chat coincé en haut d'un arbre. Elle miaule, je la rassure. Elle a un don indéniable pour mimer les animaux. Je la récupère dans mes bras. On s'embrasse sous les rires de quelques passants attardés. Je lui dis :
— Tu sais Gisèle, ça fait longtemps que tu me trottes dans la tête.
— Je sais. Tu n'es pas très discret pour ce genre de choses.

Je suis contente d'entrer dans la spirale angélique. Tu as besoin d'aide. Seul avec un morceau de papier, tu vas pas t'en sortir.
— La spirale angélique. C'est ça.

Elle se met à tourner autour de moi en battant des ailes. Tout d'un coup, j'ai l'impression de rajeunir de vingt ans, ça fait un bien fou. Je fais l'ange aussi et on trottine jusqu'à l'hôtel. Dans la chambre, elle reprend son air grave.
— Bernard ?
— Gisèle ?
— J'ai adoré le coup du pompier.
— J'ai adoré le coup de la chatte.
— Alors faisons comme ça.

La deuxième date se passe dans un futur lointain. Nous l'avons voulu accueillant, un avenir où il fait bon vivre. La trame narrative est un peu faible, mais les détails sont croustillants. Nous recevons un bon accueil de la part du public. Après le spectacle, un des comédiens me demande :
— Qu'est-ce que tu vas faire après ? Tu continues avec nous ou tu t'acharnes dans l'écriture ?
— Les deux. Ça me fait plaisir de jouer avec vous, mais je veux continuer à écrire.
— Qu'est-ce que tu écris en ce moment ?

Je leur raconte. Ils rient. Ils me disent que c'est encore pire que le premier. Comment on peut faire plus fou ? Je ne sais pas, mais je crois qu'ils ont raison. Cela dit, je m'en fous, je vais au bout, coûte que coûte. Cette fois-ci, on décide de faire la promenade tous ensemble. On danse sur une des places, à l'aide d'une enceinte. Encore ce sentiment de rajeunir. Pendant un slow avec Gisèle, les copains sifflent. On fait du bruit, des improvisateurs dehors un soir de printemps…

Le lendemain, on annonce complet. On s'échauffe. Le rideau s'ouvre, on demande les thèmes du public et je reconnais la voix de 604. Elle ne m'a pas prévenu qu'elle venait. Le stress monte, elle ne m'a jamais vu jouer, Gisèle est avec moi sur scène, je fais de mon mieux. Le spectacle est une sorte de vaudeville où tout est permis, la seule limite étant les sentiments des personnages. Seule leur âme peut leur interdire quoi que ce soit. Il y a de beaux passages solos, des duos que je trouve magiques. 604 me félicite. Elle félicite aussi Gisèle, qui, ayant aussi un faible pour les femmes, reçoit les compliments le rose aux joues. Sur le chemin de la brasserie qui nous accueille chaque soir, elle en profite pour me glisser à l'oreille :
— Elle est pas mal ta copine.
— Elle est du genre classique.
— On va voir ça.

On trinque. Gisèle est déchaînée. Elle part dans des tirades improbables à propos du futur. On essaie de lui dire que le spectacle est terminé, mais elle se plaît à faire des heures supplémentaires. Comme c'est notre dernière, on va danser dans un endroit fait pour. Sur la piste, on se dandine joyeusement. 604 me colle allègrement, ce qui ne me dérange pas, et Gisèle danse avec une inconnue. Les autres font des chorégraphies improbables. On titube vers l'hôtel. Gisèle a laissé repartir sa belle. Au moment d'entrer dans la chambre, elle nous demande :
— Dis donc, le couple Peugeot, vous acceptez les side-cars ?

Elle n'attend pas notre réponse et entre dans la chambre en chantant. En rythme, elle balance ses chaussures, puis commence à se déshabiller. 604 a les yeux ronds que je lui connais, mais rapidement, elle se met à rire. Elle se dévêtit à son tour en tentant de suivre le chant complexe de Gisèle. Je ris aussi et je finis par les imiter. On a fait l'amour en chantant une partie de la nuit.

Au matin, Gisèle nous a faussé compagnie et on la retrouve toute fraîche au petit-déjeuner qui sert d'au revoir à notre troupe. On se congratule, on se promet de prendre bien soin de nous et on se quitte. Dans la voiture, 604 me dit :
— Finalement, c'est pas mal cette histoire de trouple. J'ai apprécié.
— J'ai vu ça !

Elle fredonne le refrain de notre chanson de la veille.
— Tu l'inviteras par chez nous ?
— Je ne sais pas si elle viendra. C'est une citadine.
— Tu n'as qu'à trouver une date dans le coin, ça la fera venir !
— Bonne idée !

On discute improvisation, comment on peut arriver à de bons résultats avec peu de préparation, on parle de mes camarades de jeu, de leur parcours. Elle est curieuse de savoir comment on peut gagner sa vie en la passant à rire. Je lui dis que malgré tout, c'est parfois difficile et que ce n'est pas de tout repos. Elle comprend. Venue en train, elle me remercie de l'avoir raccompagnée. Elle me promet de venir dans la semaine avec une nouvelle chanson à son répertoire, il n'y a pas que Gisèle qui sache chanter.

L'été est là et je passe les jours suivants à récolter des fruits. Les arbres sont encore petits, je les ai plantés peu de temps auparavant, mais ils donnent déjà bien. J'envoie quelques mails pour que le spectacle joué à Lyon soit programmé dans la région et je travaille à mon prochain livre. Un soir, je dîne avec 604. J'ai préparé un plat en sauce. Elle se régale, je suis content. On a ouvert une bouteille. Elle commence à chanter. Depuis notre aventure à trois, j'associe le chant à l'amour et je suis tout excité. Le verre à la main, elle danse en fredonnant un thème de sa composition. Alors que je m'approche d'elle, le téléphone sonne. Je ne suis pas du genre à me laisser distraire par mon portable, mais elle me demande de répondre. Un peu désabusé, je m'exécute. C'est Loïs.

— Tu as vu ?

— Quoi ?

— Cet après-midi, à l'Assemblée, ils ont présenté des mesures qui sont dans ton livre.

— Ah.

— C'est tout ce que ça te fait ?

— Ils m'avaient prévenu.

— Ils te préviennent mais ils ne te citent pas. C'est malhonnête. Il faut qu'on sache que ça vient de toi. Et il faut que tu dévoiles tout le reste. Tu ne vas pas te faire piller tes idées.

— Tu sais que dans mon livre, il y a des idées qui ne sont pas de moi…

— Oui, mais certaines le sont, il faut les mettre en avant !

— Je vais réfléchir.

— Je suis là demain.

— Vraiment ?

— En fin de matinée. Tu as droit à ton deuxième article, c'est vu avec la rédaction. Tu viens me chercher à la gare ?

— OK. À demain !
— À demain !

J'explique à 604 de quoi il retourne.
— Ils vont faire une loi avec tes idées d'auberges municipales et de voies sans moteur ? C'est pas vrai ? Ressers-moi un verre ! On va avoir des vagabonds partout !
— Tu n'aimes pas les vagabonds ?
— Ils ne me dérangent pas. C'est juste que ça va faire bizarre de rouler à 130 kilomètres/heure et d'avoir quelqu'un qui fait son footing de l'autre côté de la glissière de sécurité. Mais bon, c'est rigolo. Et dormir partout pour trois euros, j'avoue que c'est pas mal. Mais les hôteliers classiques, ils ne vont pas faire la gueule ?
— Il faudra qu'ils s'adaptent, qu'ils proposent un accueil amélioré...

Elle m'a posé plein de questions et on a fini par regarder à la télévision le résumé des débats parlementaires de la journée. C'était beaucoup moins érotique que le début de soirée, mais c'était important. Les choses ne se déroulaient pas du tout comme je l'avais prévu dans le roman. C'étaient de petites mesurettes, à mon sens, qui avaient attiré l'attention. D'autre part, le succès n'était pas encore au rendez-vous et je marchais sur des œufs. Il fallait bien réfléchir à ce que j'allais dire à Loïs le lendemain. On a fait une balade dans le champ, sous la lune, et on s'est couchés.

Émoustillée par ses ébats avec Gisèle, 604 aurait voulu rencontrer Loïs, mais elle ne pouvait pas de nouveau s'absenter de son boulot, elle l'avait un peu trop fait ces derniers temps. À la descente du train,

ma journaliste préférée a un nouveau chapeau et elle s'écrie rapidement :
— On respire ici, c'est dingue ! J'aurais dû venir te voir plus tôt !
— Bienvenue à la campagne !
— Je te préviens tout de suite, cette fois-ci, tu as le droit à deux pages, on va pouvoir s'étaler ! Je sais de quoi on peut parler si tu acceptes.
— De quoi tu veux parler ?
— De ce qui parle le plus aux gens ! De liberté ! La majorité et la retraite !
— C'est vrai que dans les critiques que j'ai lues, c'est ce qui plaît le plus…
— Il faut frapper fort !

À la maison, elle sort son ordinateur. Elle me demande de parler de la liberté de choix. Elle connaît mon point de vue, mais elle veut que j'approfondisse. Alors, je réexplique. Les enfants, en accord avec leurs parents, devraient pouvoir choisir le moment où ils deviennent majeurs. Choisir quand ils peuvent avoir accès à leurs droits. Pour l'instant, les jeunes attendent trop longtemps, la plupart sont mûrs bien plus tôt et devraient avoir le droit de travailler, de s'unir, de voter. Cela éviterait un grand nombre de problèmes. Avec l'aval de ses tuteurs, chacun serait libre d'accéder à ses droits quand il le souhaite. Loïs me demande :
— On donne les chiffres ?
— Les chiffres sont dans le livre.
— Je sais, mais c'est ce qui risque de faire peur, tu veux qu'on en parle dans l'article ?
— Tant qu'on y est…
— OK, quinze ans dans un premier temps, douze si tout

se passe bien, comme tu l'as écrit… Ce serait génial, j'adore, des petits adultes d'un mètre quarante, dont il faudrait réellement écouter l'opinion. Des mariages de mômes, auxquels on a pas besoin de dire : « Attends, tu verras plus tard ». On pourrait voir de jeunes adultes épouser leur amour d'enfance, de toujours… On s'est rencontrés à trois ans, à douze on se passe la bague au doigt, dans la foulée on prend notre appart qu'on paie avec de petits boulots en allant au collège.
— De toute façon avec les auberges municipales, mécaniquement, les loyers vont baisser…
— Oui ! Je le rajoute ! Bon, la retraite !

Je prends le temps de parler de la retraite par choix. On pourrait arrêter de travailler à tout moment et continuer de même si l'on en éprouvait l'envie. La pension dépendrait évidemment des années de travail. J'évoque le chiffre de trente à quatre-vingt-dix ans. La fourchette la plus large possible. Sachant que je voudrais que l'on puisse revenir sur sa décision, prendre sa retraite puis retravailler si on le souhaite. Loïs m'interrompt.
— Et les calculs ?
— Il faut laisser les différentes caisses de retraite faire les calculs, mais ça doit fonctionner, c'est sûr.
— C'est pas très solide comme argument…
— Ça va obliger tout le monde à se pencher sur la question, à proposer des solutions, c'est une source d'émulation…
— OK ! Bon, j'ai faim.

Une poignée de cerises à la main, elle a l'air préoccupée.
— Tu connais la faiblesse de ton livre ?
— Dis-moi.

— J'ai peur qu'on te prenne pour un libertin un peu déviant.
— Dans libertin, il y a liberté.
— Oui, c'est sûr, mais entre le mariage à plusieurs et l'émancipation des jeunes, on va peut-être te prêter des intentions malsaines.
— Tu crois ? Et qu'est-ce que je peux faire contre ça ?
— Il faudrait peut-être que tu t'affiches avec quelqu'un de ton âge, dans une relation saine, et tu sais, si tu veux parler des enfants, il faut que tu en aies. Tu serais plus crédible.
— On fait pas des enfants pour être crédible…
— Je sais, ce que je veux te dire, c'est qu'il faut que tu inspires confiance, il te faut une compagne.
— J'en ai une.
— Ah.
— Ça fait des mois qu'on ne se parle plus. J'ai une vie.
— Je comprends. Je vais y aller.
— Attends !
— Non, je n'attends pas, tu as une vie, je comprends, mais j'espère qu'elle est à la hauteur ta super-copine, parce qu'il y a du boulot. Je vais essayer de blinder l'article, mais tu vas quand même en prendre plein la poire.

Sur ces mots, elle prend une poire, la croque, et commence à pleurer. Je la prends dans mes bras. Avec une voix étonnamment claire, elle me dit :
— Tu sais, ils ne sont pas beaucoup, les artistes, les hommes politiques, les collègues qui m'ont fait rêver. J'y crois à ton rêve. Au début, j'ai cru que ça se passerait comme tu l'as décrit, comme sur des roulettes, et puis j'ai perdu confiance, mais je veux que ça marche, pour toi, pour moi, pour le monde.

Sa douce haleine fruitée me fait tourner la tête. J'entends la clef tourner dans la porte. 604 nous regarde enlacés, elle s'approche et se rend compte rapidement que Loïs est en pleurs. Elle se présente et lui offre un mouchoir, tout en prenant la parole, ce qu'elle affectionne toujours, elle nous tapote le dos et se dirige vers le coin cuisine.
— Je fais du café. Bon, ça discute à la station ce matin. Les livreurs rigolent. Ils disent qu'ils vont livrer un paquet par jour, ça les arrange ! Il y en a un qui a dit qu'il livrerait en yak, ça l'a fait marrer. Il y a un gars qui n'a pas trop de sous, il a dit qu'il pourrait accueillir sa famille dans les nouvelles auberges, il était content… L'hôtelier du hameau m'a dit qu'il s'en fout, il va installer un jacuzzi et des huttes de sudation, comme ça, il maintiendra ses prix. C'est plutôt positif tout ça…

Elle nous sert le café. Attablés, on parle de l'article. 604 tombe des nues.
— Avec toi, je pars à la retraite quand je veux ? Et si on a des mômes, ils sont grands à douze ans ? Ha ha ha ! Génial !

Loïs l'interrompt.
— Tu n'as pas lu le livre ?
— Bah non.
— Tu ne t'es pas dit que c'était important ?
— Personne n'aime son livre. Bon, il a réussi à faire passer une ou deux idées, mais en général, ce ne sont que des mauvais retours. C'est plus de problèmes qu'autre chose…

Loïs nous regarde tous deux d'un air affligé :
— Je vois que vous êtes faits l'un pour l'autre. Un idéa-

liste et une nihiliste qui ne prend même pas la peine de lire ce qu'écrit son copain. Bravo ! Bon, bonne soirée, je prends un taxi.

Je la raccompagne. Elle me présente ses excuses pour avoir été sèche et elle m'assure qu'elle va soigner le papier. 604 est un peu triste quand je la retrouve.
— Elle a peut-être raison, je devrais lire.
— Tu sais, c'est une intellectuelle, elle ne comprend pas qu'on ne lise pas.
— Je pourrais t'aider, comme ça...
— Tu m'aides déjà !
— Tu es gentil...
— Je vais réchauffer les restes d'hier...

On mange, mais on a un goût amer en bouche. Je lui demande :
— Tu veux faire une promenade ?
— Non, je vais y aller.
— Tu ne restes pas dormir ?
— Non, je me sens pas bien. Je t'appelle demain.

Elle se débrouille pour ne pas m'embrasser. Elle part. Je fais ma promenade tout seul. Cela me rappelle les moments de solitude que j'ai connus par le passé. L'impression de devoir se débrouiller par soi-même. De ne voir l'espoir qu'en son propre cœur, sans compter sur les autres. Je suis passé à travers ce genre de soucis, mais je croyais les avoir oubliés et ce clair de lune qui n'en est pas un – le ciel est nuageux — me les rappelle vivement. Heureusement que je connais mon terrain, j'arrive à me balader sans trop de problèmes. Je m'assois sur un des bancs que j'ai installés à mon arrivée et j'allume une cigarette. Je me souviens de toutes celles que j'ai fumées quand j'allais mal. Mais la tourmente que je vis aujourd'hui est bien plus terrible. J'ai mis en avant tout un tas d'idées abracadabrantes, les unes de moi, les autres que j'ai empruntées à droite à gauche et cet amas, il faut le défendre. Les femmes qui m'apportaient du réconfort se détournent de moi. Cette aventure se déroule dans la douleur, plus que je ne l'imaginais. J'hésite à appeler Gisèle, mais il est tard et je crois que j'ai fait souffrir trop de monde aujourd'hui. Si la bonne humeur de mon amie comédienne est difficile à entamer, vu l'état dans lequel je suis, je risque tout de même de lui faire du tort. J'écoute les oiseaux de nuit, ils me portent conseil pour la journée du lendemain.

Ma photo ce jour-là est en une du journal de Loïs. Je suis en plan large à côté d'un arbre. En dessous, il y a marqué : « Ce fou qui inspire ». L'article qui suit commence ainsi :

« D'abord pris pour un bouffon suite à cette phrase devenue célèbre… »

Un bouffon ? J'encaisse. Ce n'est pas facile à lire, mais finalement j'en ai vu de plus rudes.

« … quelques-unes de ses propositions ont été reprises à l'Assemblée nationale… »

« … il nous livre aujourd'hui quels autres changements il voudrait voir pour notre pays… »

J'appelle Loïs pour la remercier. Elle a un ton neutre, ni chaleureuse, ni distante. Comme si on était de simples amis, voire des collègues.
— Grâce à toi, je suis un peu réhabilité.
— On va voir les réactions...

La conversation se termine rapidement. Je reçois un coup de téléphone de mon éditeur. Il m'explique qu'il a des demandes d'interview et qu'il réfléchit à organiser une conférence de presse. Je dis que je n'y vois pas d'inconvénient. Il attend de voir s'il continue à être assailli, dans ce cas, il me faudra monter à Paris le lendemain ou le jour d'après. J'accepte le principe et il raccroche. Je vais prendre des forces dans le champ. Je mange quelques fruits. J'attends que 604 m'appelle. Je vais attendre jusqu'au soir, mais vers vingt et une heures, c'est Gisèle qui fait retentir la sonnerie de mon téléphone.
— Hey ! Bravo pour la une ! Tu l'encadres, hein ?

Elle se met à chanter des chansons avec le mot « fou », ça donne un medley assez rock'n'roll, mais au bout de trois refrains, elle s'arrête et me demande :
— Qu'est-ce que tu vas faire maintenant ?
— J'ai sûrement une conférence de presse demain ou après-demain.
— Une conférence de presse ? Comme dans les années douze ? Tu es vraiment à l'ancienne, toi !
— Qu'est-ce que tu veux que je fasse ?
— Je ne sais pas moi, fais une vidéo !
— Je suis nul en vidéo...
— Moi, je sais faire ça !
— Tu me filmerais ?
— Bah oui ! Je t'ai dit que je voulais t'aider... Je peux te

préparer une petite séquence un peu percutante…
— Tu veux venir ?
— Avec plaisir, comme ça, je découvre ton royaume ! Je viens avec mon bolide, je suis là vers midi.

Elle se remet à chanter et je l'accompagne. Une fois la conversation terminée, j'envoie un texto à mon éditeur pour annuler la conférence de presse. La soirée se passe à réfléchir au contenu de la vidéo du lendemain. Le crépuscule est magnifique, la faune se veut rassurante ce soir-là.

Quand Gisèle déboule, elle m'explique tout en quelques minutes. Elle se confectionne une salade et, la bouche quasi pleine, elle me donne les indications, le texte. J'ai l'impression qu'elle a tout en tête depuis plusieurs semaines et qu'elle attendait que j'aie besoin d'elle pour déballer son projet. Elle veut tourner dehors. Dans le champ. Il fait grand beau. Elle me dit :
— Je vais jouer avec le soleil. Avec ta barbe, ça va être magnifique.

Ça nous prend l'après-midi. Elle me pousse dans mes retranchements, pour la diction, les intentions, elle veut que je sois juste et convaincant. Je me plie à ses volontés. On a ajouté des choses qui ne sont ni dans la proposition de loi, ni dans l'article du journal, qui ne sont connues que des lecteurs du roman. On a simplifié au maximum. Pendant que je lui prépare un petit dîner, elle monte la vidéo, qui ressemble presque à un clip. Elle a ajouté une musique de sa composition, rythmée à souhait. Elle me demande :
— Je mets en ligne ?
— Maintenant ?

— Oui !

Je souris. Elle est bien plus folle que moi. Je lui donne le top et j'ouvre une bouteille. On trinque, un œil sur l'ordinateur. Pendant qu'on boit, le nombre de vues monte rapidement. On lit les commentaires, qui pour la plupart sont élogieux. Ça me change. Quand on finit notre dernier verre, les chiffres sont impressionnants. Pour fêter ça, je sers une prune. Gisèle a une bonne descente et se régale.
— Bon, on va écouter les oiseaux ? J'en peux plus des écrans…
— Si tu veux !

Je lui avais parlé de mes balades nocturnes. Elle s'extasie sur la température, les odeurs, la couleur du ciel – le soleil vient juste de se coucher —, elle écoute les bruits environnants. Elle me fait même des compliments sur mon banc.
— Ça, c'est un beau banc. Tu as eu raison de mettre un banc ici !

Elle se juche sur le dossier, les pieds croisés là où d'habitude je pose mes fesses. On parle de 604. Je lui explique les événements de l'avant-veille. Elle me conforte dans l'idée de laisser passer du temps. À l'entendre, je sens qu'avec moi elle cherche désormais une relation amicale, alors, en dépit du couchant, de notre ivresse, de ce qu'on a vécu ensemble aujourd'hui, je ne tente rien. Elle s'endort tranquillement dans la chambre d'ami, sans que nous n'ayons rouvert l'ordinateur.

Comme à son habitude, Gisèle est debout quand je me réveille. En me tendant une tasse de café, elle me dit un chiffre.

— Non ?
— Si !
— La séquence a été traduite, elle est en train d'être visionnée partout dans le monde.
— Waouh.
— Ce qui devait arriver arrive.

Alors que je bois mon second café, le téléphone sonne. Mon éditeur m'explique en riant que je n'échapperai pas à la conférence de presse. J'acquiesce. Gisèle me propose de faire la route avec elle. Je prends un peu de temps pour arroser le champ et cueillir de quoi pique-niquer. Sur le chemin, on chante pas mal et je parcours les réactions suite à la vidéo. De nombreux jeunes ont réagi positivement aux annonces sur la majorité libre. Il y a pas mal de débats autour des drogues et substances. La santé du vivant occupe beaucoup les esprits aussi. Des gens me reprochent d'avoir volé leur idée du « tout comestible », mais en général, ils sont contents. J'ai un panorama de ce que les gens ont ressenti en voyant la vidéo. La salle où va se dérouler la conférence est vaste, bien éclairée. La table où je dois m'asseoir est immense, avec le traditionnel micro, qui cette fois est particulièrement gros, de la taille d'un œuf. Après les préparatifs, je me retrouve dans une sorte de loge. Je me dis qu'heureusement que j'ai une expérience de la scène, sinon je serais terrorisé. Il nous reste des cerises, qu'on boulotte allègrement avec Gisèle. Elle m'en place autour des oreilles, puis me dit :
— Il faut t'en faire une couronne.
— Une couronne de cerises ?
— Oui, il faut montrer que tu ne te prends pas au sérieux.
— Tu es sûre que c'est une bonne idée ?
— Ne t'inquiète pas.

Elle a un grand sourire en disposant les fruits autour de mon crâne.
— Tu es parfait !

L'heure est venue. Je prends place devant le micro. Savoir que j'ai sur la tête une couronne de cerises fait que je ne peux m'empêcher de sourire. Mais les questions vont s'enchaîner rapidement.
— Les députés de la majorité ont emprunté des idées issues de votre roman, êtes-vous en bons termes avec eux ?
— J'ai toujours soutenu ce parti, même avant leur accession au pouvoir. Je soutiens leur action, le fait qu'ils aient repris certaines de mes propositions est un honneur.
— Considérez-vous votre roman comme un ouvrage politique ?
— La plupart des œuvres sont politiques, mais ce que j'ai écrit reste une fiction, même si je souhaiterais qu'elle rejoigne la réalité.
— Comment avez-vous vécu la vague de moqueries qui a suivi votre première intervention télévisée ?
— Très mal, je vous l'avoue. Je suis content d'avoir une nouvelle chance d'exposer au plus grand nombre ce que je pense.
— Pensez-vous que la loi sur la mobilité soit vraiment utile ? Il existe déjà des chemins pédestres un peu partout sur le territoire.
— Beaucoup de villes pourtant très proches les unes des autres ne peuvent être ralliées autrement qu'en voiture. D'autre part, les voyages lents sont à favoriser, ne serait-ce que pour privilégier le tourisme intérieur, hors plage et sports d'hiver.
— Depuis hier, l'opinion est très divisée sur votre propo-

sition d'émanciper les jeunes plus tôt. Ne redoutez-vous pas des dérives ?

— Je pense que certains savent très tôt ce qu'ils veulent faire et que s'ils sont prêts, que les adultes qui s'en occupent les en pensent capables, ils doivent pouvoir travailler, habiter seuls, voter, tout en continuant leurs études s'ils le souhaitent. Je rappelle, même si ce sont des exceptions, que certains jeunes aujourd'hui, grâce au cinéma, au sport ou aux nouvelles technologies, pourraient être indépendants financièrement bien avant l'âge habituel. D'autre part, s'ils en avaient le loisir et la possibilité, la plupart des jeunes sauraient assurer leur subsistance aisément.

— Vous voulez une retraite modulable. Avez-vous réfléchi avec des économistes, conçu un projet un peu précis ?

— Je n'ai aucun chiffre à vous proposer. Je veux que cette proposition soit réfléchie avec les différentes corporations. Les calculs sont difficiles à mettre en place, puisque chacun choisit le moment où il arrête de travailler. On peut imaginer une sorte de vœu pour permettre aux caisses de s'organiser. « Je souhaite travailler jusqu'à cette date », avec un bonus pour ceux qui respectent leur engagement. Voilà ce que j'ai en tête, chaque métier a ses particularités et chaque organisme de réversion doit décider de son côté ce qu'il est possible de faire.

— Vous voulez autoriser l'ensemble des substances illicites. Des gens qui ont milité depuis longtemps pour cette cause vous reprochent d'arriver comme un cheveu sur la soupe d'un combat qu'ils mènent depuis des années. Que leur répondez-vous ?

— Que j'ajoute ma voix à la leur. Que je les soutiens, comme je l'ai toujours fait.

— Des militants écologistes vous reprochent la même

chose quand vous proposez de favoriser les plantes comestibles, notamment en ville. Que leur répondez-vous ?
— Je soutiens leur combat. J'apporte ma voix. À terme, nous devons pouvoir nous nourrir en nous baladant dehors, partout, c'est comme ça qu'on éradiquera la faim. Des plantes comestibles et des animaux en bonne santé et en liberté, à portée de main. On n'en peut plus de voir ces pigeons déplumés, souffrants, il faut soigner ceux pour qui c'est encore possible, recréer un écosystème où ils puissent se nourrir par eux-mêmes. C'est largement possible, il faut le faire !
— Je reviens à la légalisation des drogues. Ne croyez-vous pas qu'avec la majorité précoce…
— La majorité libre, elle vient à point par consensus avec le foyer !
— Si vous voulez…
— Vous avez peur que les jeunes se ruent vers les drogues, et notamment les drogues dures, dès l'obtention de leur majorité ? Je pense qu'un jeune qui a la possibilité de construire sa vie plus tôt ne va pas se tourner vers quelque chose qui peut lui faire du mal. Si on continue la prévention et que les substances sont encadrées par le corps médical, on ne risque pas grand-chose. On doit pouvoir se procurer n'importe quelle substance si on considère qu'on en a besoin.
— Après une courte enquête, nous en sommes en mesure d'affirmer que vous avez des antécédents psychiatriques, et notamment plusieurs internements. Est-ce que ces révélations, qui paraîtront demain dans notre journal, ne vont pas nuire à votre parcours ?
— Effectivement, je souffre d'un trouble bipolaire, qui m'a conduit plusieurs fois à l'hôpital. Cela n'entame en rien mon discours, qui, s'il est étonnant, n'en reste pas

moins clair, du moins je l'espère. Le temps passé dans ces établissements m'a permis de bien réfléchir, d'élaborer mon roman dans de bonnes conditions, même si j'en ai achevé l'écriture dans la maison que j'habite aujourd'hui. Quelqu'un s'oppose-t-il à ce qu'une personne atteinte d'un trouble de l'humeur expose ses idées en public ?

Personne ne répond. Mais ça me fait souffrir qu'on exhume mon passé d'un coup, sans prévenir. Et chaque fois que ça arrive, je me souviens de ces moments où on cesse de vous écouter, parce que vous passez dans la case des déviants, des déments. Ces instants où on n'a plus l'impression d'être tout à fait un être humain, où on est incompris, vraiment. Alors je reprends :
— Si mon intervention et tout le battage médiatique autour de ma personne ne servent qu'à mettre en lumière les personnes atteintes de troubles psychiques, alors je serai heureux. Si à l'Assemblée les lois ne sont pas votées, si les autres propositions sont mises à la corbeille, mais que j'ai permis au petit peuple à la psyché différente d'être vu d'un meilleur œil, alors je serai heureux.
— Dans votre roman, vous devenez roi. Roi ? Vous pensez vraiment que nous ayons besoin d'un roi ?
— C'est de la fiction. Il y a fort peu de chances que je devienne roi.
— Mais si vous devenez roi, qu'est-ce que vous faites ?
— Je déclare la paix mondiale.

Tout le monde rit. Je suis content d'avoir fait de l'improvisation et de savoir sentir quand balancer un bon mot. Celui-ci était facile, mais j'en avais besoin pour détendre l'atmosphère.
— Je veux être un roi au pouvoir consultatif. Vous

m'appelez quand vous avez besoin. Sinon, mon but est réellement de créer les fondations d'une paix mondiale. Ça demande d'accueillir sur un pied d'égalité les monarques étrangers. Ça demande de se déplacer, ce que je suis prêt à faire. À mon rythme !
— Vous vous êtes couvert de ridicule et vous persévérez. Vous avez un lourd passé médical, vous avez des prétentions démesurées, est-ce que vous êtes réellement sérieux ?
— Non, je ne suis pas sérieux. C'est une démarche humoristique que j'entreprends et qui doit le rester. Même si elle se réalise. Je ne veux pas être un roi sérieux, je veux rester un peu bouffon, comme il a été dit de moi, un peu fou. Je crois que c'est ce dont nous avons besoin.

À ce moment, je prends une cerise de ma couronne improvisée et je la déguste. Je sens les journalistes se regarder. J'en profite.
— Je vous remercie.

Dans les loges, Gisèle me prend dans ses bras. Je suis épuisé. On prend la prune avec mon éditeur. Loïs, qui était dans la salle pendant la conférence, nous rejoint. Elle me lance :
— Alors comme ça, tu es bipolaire ?
— Eh oui !
— Moi aussi !
— C'est vrai ?
— Oui ! Je ne sais pas si on a eu raison de se le cacher…

On discute médicaments, dépression, manie. Quelqu'un qui a connu des crises maniaques est toujours ravi de pouvoir en parler. Gisèle est de son côté en grande discus-

sion avec mon éditeur. On sent que la prune fait son effet. Elle demande :
— On se fait un ciné ?

Tout le monde abonde. Je propose qu'on aille voir un film de guerre, expliquant que ce sera bientôt du passé ce genre de choses et qu'il faut se documenter tant que ça existe. On me reproche de rire avec des choses qui ne sont pas drôles. Je leur assure qu'un jour, les enfants demanderont pourquoi des hommes envoyaient d'autres hommes se tuer. Je leur assure qu'on y est presque, qu'il y a juste à dire stop. Gisèle me coupe.
— Tu fais des heures supplémentaires. Détends-toi. Et tu ne choisis pas le film, on s'en charge. Allez, viens.

C'est bien agréable de se balader en ce début de soirée dans les rues de Paris. Je sens que les gens me regardent davantage que d'habitude, mais je fais comme si de rien n'était. Soudain, un jeune éméché se plante devant moi. Jouant la peur, il crie :
— Le roi fou ! Il va jeter ses dragons sur nous ! Il apporte le chaos ! Au secours !

Il s'enfuit en courant sous les rires de ses amis. Ceux qui m'accompagnent rient aussi. Je reconnais devant eux qu'il a été très drôle et que je ne peux pas contrôler les réactions des gens. Ils ont opté pour une comédie romantique. On s'installe. Je suis à côté de Loïs, qui se blottit contre moi. La projection commence. C'est l'histoire d'une femme puissante et d'un homme qui collectionne les problèmes. Elle l'aide, ils tombent amoureux. Les problèmes ressurgissent, ils les affrontent et en sortent grandis. À la sortie, on me sort des répliques du film comme si j'étais le

héros avec ses soucis. On me fait la réflexion qu'avec une femme qui a du pouvoir, ce serait plus facile. Je presse la main de Loïs dans la mienne. Comme elle sait si bien le faire, Gisèle kidnappe avec subtilité mon éditeur et je me retrouve à rentrer chez Loïs. Encore plus soudainement qu'en début de soirée, quelqu'un s'agenouille devant moi.
— Majesté…

Je reste un peu étourdi. Je lui demande de se relever. Je décide en un instant que je serai un roi devant lequel on ne s'agenouille pas. Pour quelqu'un comme moi, né comme un citoyen lambda, ce n'est pas supportable de voir quelqu'un ployer le genou. Il me dit :
— Merci de ce que vous faites. Je m'appelle Jack, je suis schizophrène et voir quelqu'un qui a les mêmes soucis que moi s'épanouir et proposer ses idées, c'est merveilleux. Vous le faites pour toute la communauté.

Son émotion m'atteint et on commence à discuter. Il nous parle de ses crises d'angoisse. Loïs partage son expérience, moi aussi. On se pose en terrasse, avec une pinte de bière légère chacun. Je reviens sur le fait d'être incompris, de ne pouvoir traduire ce qu'on ressent quand on est dans des états inhabituels, le fait de ne plus être considéré comme un être doué de raison. Ils acquiescent, ils ont connu cela aussi. Notre nouveau compagnon nous conte ses hallucinations, son trouble de la personnalité. On arrive à en rire. On échange nos numéros et on se quitte. On a l'impression d'avoir fait une bonne action en prenant du temps avec cet homme. C'était d'ailleurs plutôt agréable, on se dit. Chez elle, on essaie de ne pas parler superpouvoirs – il est de notoriété publique que les crises maniaques donnent des superpouvoirs.

— Je suis content qu'on se retrouve, Clark. Il va nous falloir de la force pour affronter ce qui va suivre.
— Et comment on va la trouver cette force ?

Elle met de la musique, allume un joint et commence à danser. Elle m'entraîne avec elle. À chaque nouveau morceau, elle met un peu plus fort. Elle n'est pas très gracieuse mais son sourire est radieux. Bientôt nos yeux rougissent et nos tempes sont trempées. Je me sens bien, toute la pression de la journée redescend. On s'embrasse, on parle de nos sensations. On se couche, entre rire et plaisir.

Alors qu'on émerge tous deux assez difficilement, on sonne à l'interphone. Elle me dit que c'est rare, qu'elle reçoit peu et qu'elle n'a pas commandé de colis. C'est une lettre pour moi.
— Pour moi ? Mais qui peut bien savoir que j'ai dormi là ?
— C'est pour toi. C'est peut-être ton éditeur…
— Waouh. C'est l'Élysée.

Je parcours la missive, très courtoise. Je suis invité à déjeuner. Je dois y être à midi. Elle remarque :
— C'est mignon cette manière de te faire comprendre que tu es surveillé. Ça me plaît pas beaucoup, mais bon, on fera avec.
— Tu crois qu'ils ont mis des caméras thermiques pour observer nos danses ?

On rit un peu jaune, mais on rit.

Je relis la lettre, signée de la main du président, et je

dévoile à Loïs qu'il me demande de venir seul. Elle répond.
— En même temps, une journaliste à table, ce n'est pas très pratique pour aborder des sujets épineux, je suis du genre à aimer les fuites.

Elle part pour le journal, me laissant me préparer. Il me reste une chemise propre, mais je me rends compte que ma veste sent un peu le cannabis. Je me dis qu'en marchant, elle aura le temps de s'aérer un peu. Et puis il n'avait qu'à prévenir plus tôt. Sur le chemin, une femme me demande de lui dédicacer le livre, qu'elle avait justement dans son sac. Elle en profite pour me dire que ce qu'elle préfère ce sont les histoires d'amour, que si je continue à écrire, je devrais me concentrer là-dessus, le reste est accessoire. Je ne suis pas vraiment d'accord avec elle, mais je ne dis rien pour ne pas me mettre en retard. Devant l'entrée principale, les gardes me reconnaissent et me font entrer. Le président m'accueille sur le parvis. Je suis ému, j'ai l'impression que tout commence vraiment. J'ai eu l'occasion de lui serrer la main pendant sa campagne, mais je ne lui rappelle pas, craignant qu'il m'ait oublié. À table, mes craintes s'évanouissent.
— Alors comme ça, vous avez aidé à mon élection ?
— C'est exact. J'ai milité à mon niveau. Mais je dois dire que vous avez fait le gros du travail…

Ses meetings et autres prises de parole télévisées avaient eu un grand retentissement. Je lui rappelle certains des événements auxquels j'étais présent parmi la foule, quelques traits d'esprit qu'il a pu prononcer. Il me dit :

— Vous êtes flatteur ! Bon, j'ai lu vos propositions, c'est intéressant. Il y a quelque chose dans votre roman qui me tient beaucoup à cœur.
— Qu'est-ce que c'est ?
— Les points chauds. C'est une excellente initiative, du moins à moyen terme. Il faut que nous soyons prêts pour cet hiver.
— Vous voulez mettre en place les points chauds ? C'est formidable !
— Et cette fois, ce sera une proposition conjointe, que nous annoncerons tous deux. Ce sera votre première avancée en politique. Si vous voulez être roi, il faut que les autorités vous acceptent. Si tout se passe bien, que vous tenez le cap, je suis prêt à vous reconnaître comme monarque. Ainsi, si je suis mis en difficulté, de quelque manière que ce soit, je peux déplacer le problème vers vous. Mais pour cela, il faut que vous m'inspiriez confiance. Je vais en quelque sorte vous tester.
— J'accepte avec grand plaisir que vous me mettiez à l'épreuve.

J'engloutis en quelques minutes le délicieux déjeuner. Le vin est excellent aussi, et c'est tout euphorique que je fais quelques pas avec le chef de l'exécutif dans les jardins de l'Élysée. Je regarde avec attention les arbres.
— Je vous promets que jamais je ne prendrai l'Élysée à l'élu de la République.
— On voit que vous débutez en politique. Vous faites des promesses sincères que vous allez tenir.
— Je vous trouve sincère et vous tenez plutôt bien vos promesses

— Un vrai renard celui-ci avec ses louanges ! Je croyais que vous ne vouliez pas de mon fromage, que l'Élysée ne vous intéressait pas ?

Il me regarde avec un sourire lumineux et je ne peux que rire. J'ai vraiment l'impression d'être en compagnie d'un homme extraordinaire.
— Je vais vous présenter mes secrétaires et on va travailler un petit peu.

Autour d'une grande table, plusieurs personnes s'affairent. Ils sont très bien habillés, visiblement très concentrés. À l'arrivée du président, l'un d'entre eux prend la parole. Il explique le concept de point chaud. À partir de cet automne, nous allons suggérer aux villes et villages d'installer en centre-ville un abri avec de quoi se réchauffer, cuire des aliments, s'asseoir, écouter de la musique. Il est impossible que l'on meure de froid cette année encore dans notre pays. Il faut que chacun sache qu'en se tournant vers le cœur de la ville, il trouvera un endroit où s'abriter de la pluie, se protéger du froid et peut-être manger. En effet, on conseillera vivement aux citoyens de passer quelques soirées aux points chauds, en apportant des denrées. Les associations qui se chargent depuis des années des personnes en difficulté seront conviées à participer à cette opération, le but étant d'avoir de novembre à mars un accueil vingt-quatre heures sur vingt-quatre. Tout le monde est d'accord sur le principe. Nous avons passé l'après-midi à concevoir l'allocution. Puisque pour une fois, le discours présidentiel serait partagé avec une autre voix, la mienne, dont le statut était pour l'instant un peu flou. Le travail des secrétaires pour enjoliver cette approximation fut très intéressant. Ils me présentèrent

comme un écrivain et auteur de performances, dont le président avait eu vent. Ce dernier, pour soutenir ma démarche, me mettait sur le devant de la scène avec lui. Ils ne disaient pas qu'avec le tollé créé par le député qui avait utilisé mes idées sans me citer, ils étaient obligés de faire autrement cette fois-ci. On allume un écran. C'est l'Assemblée nationale. Je me rends compte que « ma » loi, celle sur la mobilité et le logement, passe au vote. Elle connaît un grand succès, puisque certains élus de l'opposition l'approuvent. On se congratule. On prévoit de tourner l'allocution le lendemain. Je salue l'équipe, qui me sourit chaleureusement. Sur le parvis, je serre la main du président, qui me glisse :
— À onze heures.

Je mets un petit temps à comprendre, puis je regarde dans la direction indiquée. Un photographe est posté. Instinctivement, je prends une pose en souriant de manière ostensible. Le président se moque de moi :
— Cabotin, va !
— À demain, Monsieur le Président !

Je suis content de retrouver Loïs chez elle. Je lui raconte ma journée.
— Ça y est, tu es un proche du président ! C'est génial ! Bon, regarde, j'ai eu la bonne idée de t'acheter de quoi te vêtir !
— Oh merci !

Elle m'a trouvé deux chemises et un costume. Je les essaie. Je n'ai absolument pas l'habitude de porter ce genre de choses, mais je suis assez satisfait de l'effet produit. Elle me dit que je ressemble vraiment à Clark

Kent. Ça me fait rire. Après la débauche de la veille, on se réserve une soirée salade limonade. Elle me fait enfin part de sa journée à elle.

— J'ai passé une partie de la journée à lire un roman triste à mourir. Ça m'a changé de ta bonne humeur. Mais c'est pas ce qui m'a le plus impactée aujourd'hui. À un moment, je croise une collègue que j'aime pas trop. D'habitude, on se parle pas. Elle me dit une banalité sur mes fringues et au moment où je m'y attends le moins, elle me lâche « Reine des connes ! » et elle se barre. J'étais hors de moi. Mais le temps que je trouve quelque chose à répondre, elle était déjà dans son bureau.

— Les nouvelles vont vite.

— La nouvelle que je suis une conne ?

— La nouvelle que je t'aime.

C'est la première fois depuis longtemps que j'utilise les gros mots et ça me fait un bien fou. Elle me plaît vraiment et je suis content de lui dire. Elle sourit.

***

C'est le début de l'automne. Il fait encore bon et la récolte est toujours abondante. Je me plais à cueillir dans le champ ce dont j'ai besoin. Loïs est venue s'installer chez moi, avec la bénédiction du journal, qui peine à trouver des correspondants en région. À la station, 604 me dit qu'elle a lu mon livre, qu'elle a apprécié, mais que de toute façon, ma notoriété la gêne. Elle me souhaite le meilleur et elle sera toujours de mon côté. L'allocution de l'été a eu un effet retentissant. La plupart des villes ont répondu présentes. Les associations ont été heureuses que l'on s'intéresse de près à leur travail et la collaboration avec les mairies commence à se mettre en place. Quel que soit le temps, il a été décidé qu'on serait prêts au premier novembre. Des artistes, reconnus ou plus confidentiels, ont assuré qu'ils donneraient des concerts ou des spectacles dans ces nouveaux lieux éphémères, gratuitement. Cet engouement fait chaud au cœur. Les travaux des voies sans moteur ont commencé. Les principales villes devraient être reliées entre elles au printemps. Des groupes de cyclistes et de randonneurs ont été mis à contribution pour optimiser les parcours et ça semble fonctionner. Les ventes de mon livre ont explosé. Les gens l'ont lu sur la plage pendant l'été. Il a été traduit et commence à se vendre à l'étranger. Je réfléchis à agrandir mon champ. Alors que je prépare le thé, Loïs débarque dans le salon

— Tu l'avais prévue celle-là ?

Elle me tend un test de grossesse. Positif, évidemment. Je suis abasourdi. J'avais peu à peu renoncé à avoir des enfants et la nouvelle me réjouit profondément. On se cajole. On parle de l'aménagement de la chambre d'ami, on parle prénoms, on rigole. C'est arrivé vite mais on est tous deux aux anges. Je prépare le dîner. Au moment où je vais servir, on frappe à la porte. Trois hommes et un énorme chien. Le plus grand des trois individus a le crâne rasé et un étrange sourire. Le second, moustachu, est en retrait. Mais c'est le plus petit, qui porte une casquette à l'ancienne, qui prend la parole. Il me dit qu'il vient de la part d'une organisation, dont il prononce le nom si rapidement que je ne comprends pas. Je leur fais signe d'entrer.

— Le chien reste dehors.

À regret, le grand rasé ferme la porte à son dogue. Je leur propose :
— Vous voulez boire quelque chose ?
— Un verre d'eau.

Je me dis qu'on va bien rigoler. Plus sérieusement, je ne suis pas rassuré d'avoir ces trois individus chez moi. Loïs se présente. Ils font de même. En répétant le nom de son organisation, celui qui a depuis retiré sa casquette sourit à ma compagne. Je comprends alors d'où ils viennent. C'est une sorte de parti politique à la réputation douteuse, proche des royalistes et des néofascistes. Il se penche vers nous et, en parlant assez vite et sans articuler, nous explique que nous pourrions soutenir quelqu'un. Il nous explique que cette personne a l'ascendance adéquate, la formation requise, l'éducation pour remplir la plus haute fonction. Qu'il y est préparé depuis son enfance, qu'il a des soutiens. À ce moment, les deux autres se tortillent sur leur siège pour exprimer leur présence. Il faut que je réfléchisse avec attention, me dit-il. Je sens la tension monter d'un cran. Je réponds.
— Je comprends que vous souteniez ce candidat au trône depuis longtemps.

Au mot trône, je le vois esquisser un geste de satisfaction. Il est content que j'aie compris.
— Mais je suppose que cette personne n'a pas tout à fait les mêmes idées que moi ?
— C'est certain.
— Alors je ne vois pas comment je peux le soutenir si nos points de vue sont différents.
— Vous pourriez revenir sur certaines de vos propositions.

— Elles sont publiées, je me suis engagé à les défendre.

Involontairement, je jette un coup d'œil à mon épée. Le grand le remarque et son sourire se fait encore plus vicieux. Je garde mon calme. Le chef de file reprend. Il me propose de rencontrer quelqu'un, qui, je m'en rends compte, n'est pas le candidat en question, pour que j'en discute avec lui.
— Vous voulez que je fasse la cour à votre futur roi, alors que je ne partage pas ses idées. Votre démarche n'a pas de sens.

J'entends des grognements de la part de mes hôtes, auxquels répondent des aboiements de la part du chien dehors. Je garde le cap.
— Je suis conscient d'avoir mis le royalisme à la mode, mais il va falloir vous débrouiller tout seuls.

Ils finissent leur verre d'eau. Au moment de sortir, Loïs les arrête.
— Je peux vous avoir un article dans le journal où je travaille si vous voulez.

Le petit chef regarde dans le vague. Le moustachu fait comme s'il n'avait pas entendu. C'est le grand rasé qui répond :
— C'est très gentil de votre part, on y pensera. Vauban !

Le chien arrive au pas de course pour les accompagner vers leur Jeep.

Loïs se tourne vers moi.
— Je crois qu'on les a vexés.

— Ils s'attendaient à quoi ? Mes idées sont à dix kilomètres des leurs, je suis leur concurrent principal. Ils devraient être contents que l'idée d'un roi progresse dans la tête des gens, ça devrait leur suffire. Et en plus, je ne vois pas les choses du tout comme eux, ce n'est pas la même royauté que je prône.
— Je sais bien. Viens, on va manger.
— S'ils avaient accepté ton article, qu'est-ce que tu aurais fait ?
— Il te faut une certaine concurrence, c'est de bonne guerre…
— J'aime pas la guerre…
— Je sais, mais il va falloir te battre un peu si tu veux arriver à tes fins et accepter que tu n'es pas le seul à vouloir le pouvoir…
— Mais je ne veux pas le pouvoir !
— Si, tu veux le pouvoir…
— Je veux un pouvoir consultatif, je veux aider les gens…
— Ça passe par le trône !

Elle avait accentué ce dernier mot. Ça m'a fait rire. On mange, je caresse son ventre qui n'est pas encore rond.

Le premier novembre arrive et le président décide d'inaugurer un point chaud dans une ville près de chez moi. Les abris ouvriront simultanément partout en France à la fin du discours.

Il me convie à déjeuner dans une grande propriété avoisinante. La plupart des ministres sont cette fois présents. Les conversations vont bon train. On me glisse que la réforme des retraites va sûrement être présentée à l'assemblée. Après le repas, on fait une promenade dans le parc. Là encore, je m'extasie sur les arbres. Le président s'approche de moi. Allant droit au but, il me fait une proposition incroyable. Fidèle à mes principes, issus en grande partie de l'improvisation, quand je sens qu'une idée est bonne, d'instinct, je dis oui. Mon interlocuteur est surpris de la vitesse avec laquelle j'ai accepté. On discute des modalités. Des ministres nous rejoignent et me félicitent. Le soir, sous un chapiteau peint aux couleurs de la ville qui nous accueille, le président prend la parole. Il décrit le projet des points chauds avec précision, expliquant comment il va se dérouler pour les différents types d'agglomération. Il parle avec verve des femmes et des hommes qui ont toujours soutenu ceux qui étaient en difficulté. Il me cite enfin et me donne la parole. N'ayant plus grand-chose à ajouter, j'appuie sur le côté convivial du dispositif, précisant qu'il est un nouveau lieu de vie pour ceux qui en ont besoin, mais aussi pour ceux qui ont simplement envie d'un peu de lien. C'est alors que le président me présente comme le nouveau ministre des Utopies. Ministère qui, comme le veut son étymologie de « lieu qui n'existe pas », n'aura pas de localisation physique. Il sera en revanche doté d'une plateforme en ligne où chacun pourra mettre en commun ses aspirations, une équipe de médiateurs étant chargée d'aider les débats à être constructifs. Les meilleures propositions seront proposées à l'Assemblée. L'allocution se termine, me voilà ministre. Je serre des mains. Un repas a été préparé, il y a des élus locaux, des gens de tous bords. Le président est très à l'aise, je me sens terriblement gauche. Il m'encourage d'un regard. Un conseiller municipal m'adresse la parole, mais je sens qu'il me prend pour un arriviste, voire un illuminé. Alors je lui rentre dedans.

— Et vous, qu'est-ce que vous avez fait pour votre ville ?

— Eh bien…
— Oui ?
— Nous avons installé l'an dernier des caméras de surveillance.
— Ah ? Et sinon ?
— On a fait des travaux.
— Quels travaux ?
— On a refait la mairie. Peinture, sols…

J'hésite à conclure que son bilan n'est pas fameux, mais comme je suis d'un naturel bienveillant, je lui dis :
— Il va falloir faire un peu plus. On a besoin de rêver. Tous. Chacun à son échelle, on peut rêver !

Je lui serre la main chaleureusement. Je n'en reviens pas d'avoir retourné la situation comme ça. C'est comme ça que font les politiques ? Ils retournent leur interlocuteur en quelques mots affables ? J'ai l'impression d'apprendre un métier. Le maire porte un toast au micro, le président redit quelques mots et on lance la musique. Sur les premières notes, le chef de l'État s'éclipse. Loïs me rejoint. On danse un peu. Ce n'est pas parce que je suis ministre que je ne danse pas. Même roi, je danserai, me dis-je.

Toutefois, il est à noter qu'à l'instar de ma compagne, le résultat de mes contorsions n'est pas fameux. On ne s'attarde pas trop. Sur le parking, le royaliste rasé est adossé à son véhicule. Quand on passe devant lui, en le saluant rapidement, il demande à son chien de rester tranquille. Il nous souhaite une bonne soirée. Je déteste ce sourire. Dans la voiture, Loïs me dit :
— Tu vas pas avoir peur d'un petit facho…
— J'aime pas qu'on me mette la pression…

— Avec tes nouvelles fonctions, tu peux demander une protection.
— J'ai une meilleure idée. Mais de toute façon, il faut qu'on les rallie à notre cause. Il faut les convaincre que le meilleur roi possible, c'est moi.
— Tu ne seras jamais roi, Clark. Tu es ministre des Utopies, c'est déjà incroyable. Tu as une place au gouvernement, que tu peux occuper depuis ton terrain, c'est extraordinaire. Et, dois-je te le rappeler, tu vas être papa. C'est pas mal comme source de joie, non ? Laisse les gens qui ne pensent pas comme toi faire leur vie...

Le lendemain, au poste de police, je fais une demande de permis de port d'arme pour mon épée. Je veux la porter en permanence. Pour me protéger de manière factuelle, même si contre une arme à feu c'est désuet, ça permet tout de même de dissuader un peu l'ennemi potentiel. Et surtout, ça me permet de rappeler symboliquement mon vœu royal. Dans la matinée, je suis en contact avec les médiateurs de mon ministère. Il est convenu que nous travaillions à distance tant qu'une réunion en présentiel n'est pas nécessaire. Ils me présentent l'architecture du site, son fonctionnement. Classé par thèmes, il se présente comme un forum où les participants peuvent retoucher à souhait les propositions d'autrui, un système de vote faisant remonter les textes les plus aboutis. Ils me demandent un texte introductif. Je leur promets pour le lendemain. Dehors, il pleut. J'aime ça. Je sors dans la gadoue profiter des gouttes sur mon crâne. Je réfléchis au texte. Je conçois quelque chose de lyrique. J'ai envie que les internautes aient l'impression de changer le monde. Ce qui est le cas. Le ministère des Utopies, idée vraisemblablement présidentielle, est un pont vers les lois de

demain. Un grand chantier pour l'avenir. Des plateformes comme celle-ci avaient déjà existé, mais c'est la première fois que l'une d'entre elles est en lien direct avec le gouvernement. On prend le thé avec Loïs.
— Je suis dans un bouquin de voyage. C'est génial, ça donne envie de bouger.
— Tu ne te plais plus ici ?
— Si, mais à terme, j'aimerais prendre la route, voir d'autres paysages…
— Je comprends. On le fera.

À la télévision, des images des points chauds s'enchaînent. On se met sur une petite chaîne qui retransmet le concert d'un artiste qu'on aime tous les deux. Apparemment, les recettes publicitaires vont servir à financer les repas pour quelque temps. Ce n'est pas une méthode inédite mais ça nous fait plaisir. Quand ils filment le public, on sent que des personnes lambda côtoient des gens qui galèrent et ça fait plaisir de les voir se mélanger. On se couche en chantonnant les refrains qu'on vient d'entendre.

Je me lève tôt. J'écris le texte pour le ministère que j'envoie en fin de matinée. Mais en préparant le déjeuner, je ne me sens pas bien. Loïs me demande ce qu'il se passe.
— J'ai l'impression d'être enfermé dans un rôle de faire-valoir. D'être mis dans une case un peu accessoire, pour les petits projets à la périphérie.
— Attends, tu es ministre !
— Ministre de quoi ? J'ai un site Internet, je suis ministre de quelque chose qui n'existe pas. Une utopie, c'est quelque chose qui ne se réalise pas. C'est pas bon.
— Mais c'est en route, les voies sans moteur, les points chauds…

— Et la paix dans le monde ?
— Laisse tomber la paix dans le monde. Occupe-toi de ce qui a retenu l'attention positivement. Lâche pas le morceau.
— Tu as dit que tu voulais voyager ?
— Heu, oui.

Je lui présente ce que j'ai dans la tête.
— Enceinte ? Tu veux que je fasse tout ça alors que j'attends un bébé ?

Je souris. Elle aussi.

J'appelle l'Élysée. Je me dis que c'est assez fou de pouvoir joindre le président de la République. J'entends sa voix au bout de quelques minutes. Il est jovial. Je vais droit au but. Je lui expose de quoi j'ai besoin, il me répond que c'est possible. Il me dit en riant que j'ai de l'ambition. Je lui réponds que c'est pour le monde que j'ai de l'ambition. Il éclate de rire :
— Oui, oui, c'est ça. Moi aussi c'est pour le monde que je fais tout ça. Il reste qu'on n'arrive pas à l'Élysée sans ambition. À Versailles non plus.
— Je ne veux pas Versailles non plus.
— Vous m'avez compris. Bon, ce que vous demandez est de l'ordre du possible. Je vous souhaite bon courage pour votre odyssée, tenons-nous au courant.

Il raccroche. Je m'écrie :
— On a les yaks ! Et on devrait avoir l'allocution !

Loïs partage ma joie. J'avais trouvé géniale l'idée de se déplacer à dos de yak et je voulais rejoindre le siège

européen des Nations Unies à Genève par ce biais, en traversant la France par le milieu cet hiver. Ça allait être rude pour ma compagne, pour moi aussi d'ailleurs, mais je voulais prouver que le voyage au temps long était une bonne idée et l'expérimenter avant l'arrivée des premiers tronçons dédiés. D'autre part, ça me permettrait de préparer soigneusement mon intervention aux Nations Unies. Loïs rit :
— C'est tellement pas raisonnable…
— Si tu avais cherché à être raisonnable, tu ne serais pas avec moi !

Les animaux arrivent le surlendemain. Ils sortent d'un zoo. On nous explique comment les monter, les petits secrets qui nous permettront de voyager de manière agréable. La veille, on a acheté des vêtements chauds et pratiques, Loïs a trouvé des bonnets et des cagoules qui me plaisent beaucoup. Je pense que ma compagne est une des rares personnes que je connaisse qui reste jolie avec une cagoule autour du visage. Elle a échangé avec son journal, et son travail consistera à rendre compte du voyage dans les pages du quotidien. En effet, depuis certaines photos, notamment à l'inauguration du point chaud, notre relation est devenue publique et il est logique qu'elle couvre ce déplacement un peu inédit. Certains médiateurs du ministère des Utopies ont accepté de me suivre. Trois en tout, une femme et deux hommes. Ils ont chacun leur yak. Notre ami schizophrène, Jack, nous suit dans l'aventure. On l'a appelé la veille et il s'est tout de suite proposé. Il a dit que ça lui ferait du bien. Au petit matin, on prend la route. Le vent nous fouette un peu les joues. Les bêtes sont dociles et on les sent heureuses de se déplacer. On a repéré le chemin et on alterne entre

sentiers forestiers et routes départementales. Des fois, des idiots nous klaxonnent et les bêtes ont un peu peur, mais dans l'ensemble, ça se passe bien. On pique-nique. Les médiateurs sortent leurs ordinateurs. Le site a été mis en ligne hier et ils veulent connaître l'évolution des premières heures. Il y a quelques textes publiés, en grande partie à propos d'économie. Ils me les résument. Je réagis.
— On va pas rêver beaucoup avec ça.
— Je peux transmettre celui-ci au ministère des Finances, il est intéressant.

C'est un texte sur l'augmentation mensuelle. Au lieu de procéder à une augmentation annuelle, l'auteur propose de le faire chaque mois. La hausse de salaire devient alors exponentielle sur l'année et ne nécessite pour l'entreprise qu'un petit effort à chaque fiche de paie. Il est très détaillé, précis à souhait, et un peu porteur d'espoir. On considère tous les quatre qu'il mérite d'être envoyé. On le transfère. Jack est en grande conversation avec sa monture. Le yak et lui devisent allègrement. Conscient de ses troubles, il en joue pour nous faire rire. Mais à les regarder tous deux, on a vraiment l'impression qu'ils se comprennent, c'est assez fou. Loïs prend des photos, elle nous met en scène, pose des questions aux médiateurs. On sent que les deux hommes, aussi jeunes que leur collègue féminine, jouent des coudes pour s'attirer ses faveurs. Ils sont mignons. J'ai été gauche aussi, et je le suis sûrement toujours un peu. Le soleil nous accompagne pour l'après-midi et pendant une bonne heure, nous longeons une route nationale. À quelques mètres de la glissière de sécurité, ce n'est pas franchement désagréable, et on débusque un endroit où un relais aurait sa place. Le soir, un des médiateurs partage l'information avec la direction régionale.

Notre voyage est pris en charge par l'État, même pour Jack. Mais nous avons décidé de nous arrêter dans les hôtels les plus simples, comme si les auberges municipales étaient en place. Le fait de ne pas trop « impacter le contribuable » est cher au président comme à nous tous. On dîne tôt et après, on bosse. Loïs rédige, les médiateurs et moi lisons et Jack dessine. Il a un carnet sur lequel il va peindre à l'aquarelle notre périple. Il a un très bon coup de pinceau. Après une bonne heure de lecture, c'est la médiatrice qui débusque le premier texte intéressant. Les nouveaux habitats. Pour faire face à la surpopulation, l'idée est d'aller habiter là où on ne va pas encore. Il parle bien sûr de peupler tout type de désert. De créer des bases sous-marines. De rendre habitables les cavités souterraines. Les plateformes pétrolières et les anciennes mines. Mais ce qui attire notre attention, ce sont les plateformes maritimes végétalisées. Il veut créer des espaces forestiers en pleine mer, pour en faire un habitat autonome pour l'homme qui serait en même temps un refuge pour les oiseaux migrateurs. La construction de ces écosystèmes, mobiles, est détaillée dans le texte. Le moyen de les déplacer aussi. Il va même jusqu'à pointer les essences d'arbre idéales, les populations d'oiseaux visés. Le coût de l'opération est astronomique, mais il présente aussi comment, grâce au tourisme, le projet peut devenir viable. En effet, ce serait une expérience hors-norme de visiter une structure comme celle-là. On est emballés. Sur le site, nous avons un système pour mettre en valeur un article quand il nous plaît. On le met en haut de la liste avec le texte sur l'augmentation mensuelle. Jack nous a dessinés pendant qu'on échangeait. Il nous montre ses œuvres. Il a une vision très particulière des visages, il caricature clairement, mais les traits qu'il propose dépassent la réalité.

Un des médiateurs se plaint de son nez, l'autre est tout content de ressembler à un dieu grec. Leur collègue est amusée. Moi, je ressemble à rien, j'ai l'impression qu'il perçoit ma folie et qu'il la retranscrit, ça me fait un peu peur. Il a peint Loïs avec une grande douceur. Je prends en photo ce dernier dessin pour le mettre en fond d'écran. On est fourbus. Dans la chambre, avec Loïs, on fait les comptes des mois de grossesse et des mois de voyage. On se redit qu'on n'est pas raisonnables. Je lui dis qu'on s'arrêtera quand elle le souhaitera. Elle me dit que l'écrivain voyageur nous rejoint pour déjeuner demain. Je suis ravi de le rencontrer, j'aime beaucoup ce qu'il écrit.

La matinée est douce. Les yaks commencent à s'habituer à nous, et l'inverse aussi. Nous commençons une nouvelle fois par de la forêt. Le médiateur qui a eu la chance d'être bien croqué par Jack a pris la tête, suivi par sa collègue. Vient notre peintre, puis Loïs, moi et le second médiateur ferme la marche. Le chef de file fait les annonces, « attention aux branches, aux trous », et il nous dévoile régulièrement ce que le paysage nous réserve. Sa collègue s'exclame, puis chacun notre tour nous commentons les attraits du chemin. À midi, nous nous attablons sur une de ces traditionnelles tables de pique-nique qui peuplent nos forêts. Me rappelant Gisèle qui avait vanté les mérites de mon petit banc, à mon tour je me lance dans une louange de cette table, sa taille, sa solidité, le confort qu'elle offre. On rit. Alors qu'on sort de quoi manger, la silhouette de mon confrère se profile dans le sous-bois. Il est venu à pied, tout simplement. Les présentations sont chaleureuses. On lui demande l'autorisation d'assister à l'interview. Il accepte de bon cœur. Loïs pose des questions précises et il répond avec beaucoup de gaieté. Il cite des

auteurs, décrit des lieux et des sensations. C'est un plaisir de l'entendre. Si mon ouvrage a eu du succès, je considère que ma culture et ma plume sont loin derrière ce qu'il propose. C'est un réel érudit, beaucoup plus sympathique que certains auteurs que j'ai pu rencontrer. Évoquant le voyage que nous entreprenons, il parle de plusieurs caravanes mythiques. Ces comparaisons, dont pour certaines nous prenons connaissance à l'instant, nous font chaud au cœur. Jack lui pose plein de questions sur des personnages historiques. Il répond avec plaisir. Soudain, il dit :
— Vous savez ce que je préfère dans une journée ? La sieste !

Il s'allonge au pied d'un arbre. Les feuilles tombées semblant agréables pour s'étendre, on l'imite. Je me dis que je suis au comble du bonheur. J'ai un poste incroyable, j'ai ma femme à mes côtés, je viens de rencontrer un de mes écrivains préférés, qui ne m'a pas déçu. Je m'apprête à lancer les démarches pour faire avancer la paix, j'ai comme un accès de satisfaction hors-norme. J'en fais part à Loïs en chuchotant. Elle me répond avec sagesse :
— Reste concentré quand même, rien n'est acquis.
— Même toi ?
— Surtout moi. Je ne te serai jamais totalement acquise. Heureusement !

Elle me sourit et en dépit du froid, on s'assoupit. Au réveil, notre écrivain voyageur a fait un feu sur le gravier près des tables de pique-nique. Il nous tend des châtaignes grillées. On cherche Jack. On s'égosille, mais rien. Quelques minutes plus tard, je reçois un texto. Il veut rester en forêt, il a senti quelque chose. Il nous demande de lui laisser sa

monture, il nous rejoindra plus tard. On dit au revoir à celui qui nous a fait rêver, dans tous les sens du terme, et on remonte en selle. J'ai pris la tête du convoi. Je ne veux pas qu'on traîne, ainsi j'impose un rythme soutenu à la bande pour qu'on arrive avant la nuit. Le soir, un nouveau texto de Jack. Il passera la nuit en forêt, qu'on ne s'inquiète pas. On se met à travailler comme la veille. Je m'amuse toujours à voir les deux médiateurs se trémousser pour plaire à leur collègue. Je me rends compte que l'un d'entre eux creuse l'écart de manière claire. C'est lui qui tombe sur la pépite du soir. L'article s'intitule « Les nouveaux cultes ». L'auteur veut cette fois encourager l'apparition de nouveaux dogmes, afin de faire de la concurrence aux religions établies, forcer ces dernières à réfléchir à leurs pratiques, puisqu'apparaissent des formes neuves. Il démontre ainsi qu'avec une plus grande diversité, les mœurs, les doctrines s'adouciront. Il incite les gens à inventer, échafauder de nouveaux cultes.
— C'est assez fou comme proposition.
— Le raisonnement tient la route.
— De nouvelles églises, différentes, pourquoi pas !
— On le met en « top article » !

Je les remercie, ils prennent congé. Loïs me fait lire son article sur notre visiteur d'un jour. Je la félicite, le texte retranscrit bien ce que cet homme a partagé avec nous aujourd'hui.

Le jour suivant, nous traversons une grande ville. Le soir, nous en profitons pour nous arrêter au point chaud. On met en commun nos vivres pour réaliser des plats assez satisfaisants. On discute avec tout un tas de gens. Ça nous fait du bien de voir du monde. Mes trois média-

teurs dansent ensemble. Les deux hommes semblent aux anges. Un moment, ils font même quelques pas enlacés. Puis, récupérant la médiatrice, ils s'approchent de moi. Ils sont éméchés. Ils m'annoncent :
— On est un trouple ! On va s'unir !
— La loi n'est pas encore passée…
— On s'en fout, on va trouver une religion qui nous donne sa bénédiction !

Je ris. Ils sont tellement mignons. Ça fait du bien de les voir se lâcher. Depuis le début, ils bossent dur, ils ont accepté de me suivre sur les routes, je suis content qu'ils prennent du bon temps. La musique les appelle de nouveau, je les salue. Je retourne près de Loïs. Une femme lui a offert un manuscrit. Elles parlent de ce qu'il contient. Je ne les dérange pas longtemps. Soudain, dans l'encadrement d'une des portes de l'abri, je distingue la silhouette du grand rasé, son chien reconnaissable à ses pieds. La main sur la garde de mon épée, je me dirige vers lui. J'avais décidé de ne pas attendre de recevoir mon permis de port d'arme pour arborer mon fer au côté. Je m'en félicite. Je lui demande froidement :
— Alors comme ça, on a encore besoin d'un peu de chaleur ?

Son chien grogne. Mais il répond doucement.
— Oui, je crois.

Je suis tout décontenancé. Je m'attendais à une confrontation et je le trouve tout penaud. Je décide de le pousser un peu.
— Tu te trouves souvent sur mon chemin. C'est un hasard ?

— J'étais chargé de te mettre la pression. Mais bon, j'aime bien ce que tu fais. Pas tout, mais bon, quand même, ça va dans le bon sens. Je pense que je vais dire aux autres que je renonce à t'emmerder.
— C'est drôlement gentil. Tu avais prévu quoi pour m'emmerder ?

Il retrouve le sourire que je lui connais.
— Vaut mieux pas que tu saches.
— Bon bah entre, puisque tu ne veux plus me mettre la pression, détends-toi un peu.
— J'arrive.

Il récupère une bouteille de whisky et s'attable.
— Il se peut qu'on soit plusieurs à passer de ton côté.

Quand il me dit ça, au milieu du brouhaha, j'ai l'impression d'être au cœur d'une conspiration. Et c'est ça qu'il a en tête, tout simplement, une conspiration pour me mettre au pouvoir. Goûtant son whisky, je lui explique que je veux une monarchie parlementaire et que je ne veux pas renverser la République.
— Même ! Il faut prendre les armes. C'est pas pour rien que tu as une épée.
— J'ai une épée pour me moquer de moi-même. Il est hors de question que je prenne le pouvoir par les armes.
— Un roi, ça ne prend pas le pouvoir par les urnes.

Il est très contrarié. Il boit, caresse son chien et reprend.
— Si on vote pour toi, tu ne seras qu'un politicien de plus. Il faut un coup d'État.

Il a serré les dents sur ce dernier terme. Il continue.

— Il faut que ce soit mémorable, définitif. J'en parle autour de moi.
— Attends !

Je me rends compte que je l'ai laissé trop parler et que je m'embarque dans quelque chose qui ne me plaît pas. Il s'est levé. Il me fait comprendre qu'il ne veut pas continuer la conversation. Je suis abasourdi. Je viens de m'associer sans le vouloir avec un parti bien sulfureux. Je me dis que finalement, j'ai de gros progrès à faire en politique. À moins que je ne sois un génie, à me faire des alliés sans faire exprès. Mais je me dis que la réalité est plus sombre que ce dernier constat. Loïs se penche vers moi. Elle a les yeux vitreux. Je me rends compte immédiatement que c'est sérieux. J'appelle les urgences dans l'instant. Je préviens les trois amoureux et je monte avec ma compagne dans l'ambulance. Ils lui posent tout un tas de questions. Peu à peu, en entendant qu'elle est enceinte et qu'elle vient de passer trois jours à dos de yak, leurs visages se ferment. Mais c'est le médecin, après avoir ausculté Loïs sans que je sois présent, qui va me couper les jambes. Cette fois, c'est moi qu'il voit seul à seul.
— Vous êtes complètement cinglé. Votre femme est enceinte et tout ce que vous trouvez comme bonne idée, c'est de traverser la France en plein hiver. Vous vouliez qu'elle crève sur la route ou seulement le bébé ? C'est vous le mégalomane qui veut changer la vie des gens ? Le ministre des Idées débiles ? Vous feriez mieux d'essayer de faire comme tout le monde. Vous allez voir, c'est pas facile et quand on y arrive, c'est déjà pas mal. Alors, la prescription est simple : vous rentrez chez vous en ambulance demain matin et vous ne bougez pas jusqu'à l'heureux événement. Vous allez voir, c'est incroyable, de

temps en temps, mais il faut être patient, vous avez une échographie. Émotions garanties. Le reste du temps, c'est facile, vous prenez soin de votre femme. Est-ce que vous pensez que c'est dans vos cordes ?

J'ai hoché la tête. Je crois que même mes parents ne m'avaient jamais sermonné comme ça. Loïs a un lit, j'ai une chaise. Oui, j'ai été très con et je m'en veux terriblement. Ils lui ont donné du magnésium, et je vois à son teint que ça va mieux. Elle me dit qu'elle savait que c'était une connerie, mais qu'elle n'y peut rien, elle m'aime.

***

Les jours suivants, je m'occupe d'elle. Les repas, les tâches ménagères. Je remercie le voisin d'avoir jeté un coup d'œil sur la maison en notre absence. Nous avions communiqué sur le voyage, quelques articles étaient parus et il nous a fallu annoncer la nouvelle de la grossesse pour expliquer son annulation. Nous avions gagné une interview dans un grand journal people qui devait nous rendre visite le lendemain. Loïs me confie :

— En devenant journaliste, je ne m'imaginais pas finir sujet d'un reportage.

Je souris. Je la rassure. Je continue à m'entretenir avec mon équipe de médiateurs. Ils me font part de nouvelles intéressantes. L'article sur les nouveaux cultes est devenu lui-même culte. Les humoristes le reprennent en inventant chacun sa propre liturgie. L'un d'entre eux annonce l'ouverture d'un temple en plein Paris. Un autre déclare une petite colline isolée comme étant sacrée, ils se régalent. Les autorités religieuses n'ont pas encore réagi. Du côté des nouveaux habitats, un industriel a acquis les droits pour la construction d'une première plateforme forestière en mer. L'auteur de l'article avait pris soin de breveter son idée, la négociation s'est faite en quelques jours et le voilà riche. On a fait un heureux, je suis content. Mais c'est finalement l'augmentation mensuelle qui fait le plus de bruit. Dans les différents médias, chacun y va de son calcul, de ses prévisions pour l'avenir. La plupart insistent pour que l'État lance la machine, afin que le secteur privé suive sans qu'on ne l'y astreigne. La démarche est intelligente. Si, petit à petit, par un effort constant, le salaire dans le public s'envole, les entreprises, de leur côté, seront obligées de s'aligner. L'espace audiovisuel est désormais occupé par des débats que j'ai lancés ou que mon ministère porte. Je n'ai pas le temps de tout suivre et Loïs et moi avons décidé de nous partager la tâche en n'écoutant pas les mêmes canaux. En début de journée, on se répartit les émissions, on décide à quelle heure on fait nos pauses. Elle se ménage du temps pour lire, mais elle me confie que désormais, l'actualité est devenue plus intéressante pour elle que son travail de critique littéraire et qu'à terme, elle réfléchit à se reconvertir. Nous accueillons l'équipe du journal à sensation. Une des journalistes a fait ses études avec Loïs et elles sont tout heureuses de se retrouver. On fait des photos dans le jardin, au pied d'un arbre auquel il reste quelques feuilles mordorées. Je me dis que la situation a bien évolué depuis que j'ai fait la une du quotidien de Loïs l'été dernier. Celle qui prenait la photo à l'époque est désormais à mes côtés. À l'intérieur, ils nous posent des questions assez personnelles et on essaie de ne pas trop romancer notre idylle. Ils nous parlent du futur et on reste évasifs. Des échauffourées ont eu lieu cette nuit dans certains points chauds. Ils nous

l'apprennent. Ils me demandent de réagir. Je suis un peu abasourdi, je demande des détails. Apparemment, des sans-papiers auraient été pris à partie, puis emmenés par la police. Je me dis que l'humour est ma seule solution pour sortir de ce guêpier. Je m'exclame :
— Comment ? Il y a encore des gens aujourd'hui qui n'ont pas de papiers d'identité ? Des gens dont la situation est irrégulière ? Si la situation est irrégulière, c'est de la faute de la situation, pas des gens… J'appelle le président.

Les journalistes sont stupéfaits. Loïs sait que je vais le faire. Et effectivement, je compose le numéro de l'Élysée. Au bout de quelques minutes, j'entends la voix du chef de l'État.
— Monsieur le Ministre, que me vaut l'honneur de votre appel ?
— J'ai une petite utopie qu'il faudrait réaliser assez rapidement.
— Laquelle ?
— Il faudrait régulariser la situation de l'ensemble des sans-papiers du territoire. Que tout le monde soit libre d'aller et venir, de travailler, que chacun ait un nom et si possible une adresse. Ce serait intéressant pour la sécurité nationale, pour la notion d'accueil et d'hospitalité.
— C'est impossible.
— Pourquoi ?
— Vous le savez très bien.
— Non, je ne réalise pas vraiment…
— Ne vous moquez pas de moi.

Je lui fais remarquer qu'il est sur haut-parleur et je cite le journal présent dans la pièce. Il s'emporte.
— C'est une tentative de déstabilisation ! Évidemment

que dans l'idéal nous devrions régulariser l'ensemble des migrants, mais nous ne pouvons le faire dans l'instant. Monsieur le Ministre, je vous demande de revoir vos méthodes. Vous êtes convoqué à l'Élysée demain.

Loïs rit. Les journalistes ne savent pas trop quoi dire. Je les rassure en souriant :
— Tout va bien. Je ne sais pas s'il vaut la peine de mentionner cette conversation téléphonique dans l'article. Mais vous pouvez garder ma position personnelle sur le sujet, ce sera déjà ça.

Ils prennent congé. Loïs me dit que je suis allé un peu loin. Je lui dis que j'ai improvisé, que ça m'arrive encore. Elle me raconte des potins sur sa confrère journaliste, que je trouve croustillants, et on se couche.

Je ne suis pas vraiment sur mes deux jambes qu'une berline noire attend sur le parking. Je me douche en vitesse et je monte. Le chauffeur ne m'adresse pas un mot en quatre heures de route. J'ai l'impression que je me rends en garde à vue. À l'Élysée, le président me fait attendre pendant qu'il finit de déjeuner avec certains de ses ministres. Le ventre vide, il me propose de faire quelques pas dans le jardin, comme la première fois. Il entre dans le vif du sujet :
— Je ne suis pas votre sujet. Je n'ai d'ordre à recevoir de quiconque. Vous avez outrepassé vos prérogatives, devant témoins. C'est grave. Cela dit, votre action au sein du gouvernement est précieuse, alors je vous laisse en poste.

À ce moment-là, il prend une voix douce. Il m'appelle par mon prénom.

— Calme-toi, tu es sur la bonne voie. Ne sois pas trop pressé.
— C'est ce que ma compagne me dit.
— Elle a raison.

Il me regarde dans les yeux.
— Genève. Prépare Genève. C'est là que beaucoup de choses vont se jouer. Ta crédibilité et la mienne.

L'humanité de ce président me donne du baume au cœur. Il poursuit :
— Nous allons augmenter les fonctionnaires, chaque mois à partir de maintenant, comme le préconise l'article. C'est une bonne idée, félicitations !

Cette idée ne vient pas directement de moi, mais comme le président veut absolument m'en attribuer le mérite, je ne le contredis pas. Il change de sujet.
— Pour les migrants, le Conseil des ministres est d'accord, il faut faire bouger l'opinion peu à peu.
— Je comprends.

Il ne me raccompagne pas. Dans les rues de Paris, des gens viennent me voir. On se prend en photo, on parle. Ayant fait des études de comédie, je m'étais préparé à être célèbre. Après de longues années dans l'anonymat, je suis enfin reconnu quand je me balade. Je suis content. Bien sûr, il y en a toujours un ou deux pour me traiter de tous les noms, mais c'est rare. Et, venant peu souvent dans la capitale, je me plais à échanger avec les gens qui m'adressent la parole. Depuis ma première conférence de presse, les jeunes qui me soutiennent et veulent voir leur majorité arriver plus tôt se baladent avec des cerises dans

les cheveux. D'autres brodent le fruit sur leur sac ou leur manteau. Ce jour-là, un groupe m'accoste.
— Majesté ! Comment allez-vous ?
— Ça va, merci, et vous ?
— Vous avez vu votre altesse…

Ils me font rire, je les laisse continuer.
— Votre altesse, ça y est, les Pays-Bas ont voté la majorité à partir de treize ans ! C'est génial !

Je ne connaissais pas la nouvelle. Je partage ma joie avec eux. Les photos que nous prenons ensemble sont radieuses. Ils me tirent leur révérence, je leur dis que c'est inutile, alors ils redoublent d'efforts. Je ris encore. Quelques mètres plus loin, je passe devant le bar où on s'est connus avec Jack. Je n'ai pas de nouvelles depuis quelques jours, alors je l'appelle. Sa voix est sombre, hachée. Il me dit qu'il cherche une mauvaise énergie pour la guérir et qu'il n'arrive pas à la trouver. Il me dit que c'est pour le bien de la forêt qu'il fait ça. Je lui réponds.
— Tu ne veux pas plutôt te rapprocher des bonnes énergies, non ?
— C'est important ce que je fais.
— Ok, Monsieur l'Ermite.
— Monsieur « l'Ermite Énergéticien ».
— Oui, Monsieur l'Énergumène.

Il rit un peu, je suis rassuré. On se souhaite le meilleur. J'achète le journal qui nous a interviewés la veille. La photo est jolie et l'article un peu fade. Rien de bien étonnant. J'avise une bijouterie. Je me dis que c'est le moment. J'ai un peu d'argent grâce aux ventes du livre et à ma pension ministérielle, alors je me lâche un peu.

Sur le chemin du retour, c'est le même silence, mais j'ai un objet pour me distraire. Je l'observe sous toutes ses faces. J'ai l'impression d'avoir « l'Anneau Unique » entre les mains. Celui qui permet de disparaître et qui se jette dans une montagne en feu. Je suis vraiment comme un gosse, j'adore.

Au retour, il fait nuit. On prépare le repas et tout naturellement, je demande à Loïs si elle accepterait de m'épouser. Et avec une grande émotion, entre deux bouchées, elle accepte.
— De toute façon, je suis enceinte, notre relation est dans les journaux, tu ne prenais pas de gros risques.
— J'aime bien quand je suis sûr de mon coup.

On prévient nos familles, tout en les invitant pour Noël. En attendant que les nouvelles pratiques religieuses se mettent en place, on se dit que cette fête nous plaît bien. En plus, on a chacun des neveux et nièces. On sera serrés, mais ça passera. Loïs se moque de moi :
— Tu te maries avec une femme, une seule, tu passes Noël en famille, tu es vraiment un original !
— Le médecin m'a dit de faire comme tout le monde. J'écoute les médecins, comme toujours. C'est l'histoire d'un bipolaire qui est enfermé à l'hôpital. Comment il fait pour sortir ?
— Il écoute les médecins. Je la connaissais avec une anorexique.

Je lève un sourcil.
— Tu m'en apprends de bonnes.
— On va se marier, il faut bien qu'on se connaisse un peu mieux. T'inquiète, depuis que je te connais, je mange

bien. Oui, en plus d'être bipolaire, j'avais des phases anorexiques. Il vaut mieux bien écouter son médecin dans ce genre de cas.

Je la palpe un peu partout, notamment au ventre, qui commence à s'arrondir doucement.
— Vous allez me faire le plaisir de bien manger, tous les deux.

À partir de ce jour, Loïs devient ma priorité absolue. Je brique la maison, je prépare des petits plats qui nous font plaisir. J'écoute d'un œil distrait les nouvelles. Les points chauds sont redevenus des lieux de vie agréables, les jeunes manifestent pour leurs droits. La plupart des médecins sont favorables à la légalisation des drogues, les syndicats de police aussi. J'essaie d'écouter le plus possible les sketchs sur les nouvelles religions, parce qu'ils me mettent de bonne humeur. Un matin de décembre, le président annonce lui-même le début des augmentations mensuelles des fonctionnaires, qui prendra effet dès la fin du mois. Il présente l'auteure de l'article initial, une économiste qui présente avec précision son projet, ses répercussions estimées, et dont le sérieux et la verve font forte impression. Je me rends compte que le président a agi avec elle exactement comme avec moi. Il a annoncé l'idée, puis laissé son auteure s'exprimer. Je me dis que c'est habile. Il s'associe personnellement à la proposition, tout en laissant la personne qui l'a initiée s'exposer réellement. Et déontologiquement, c'est parfait. J'ai donc beaucoup de respect pour cet homme. Loïs me dit en souriant que j'ai raison de bien l'observer, de toute façon, je vais finir au pouvoir, je l'ai écrit. Je pointe son ventre en lui répondant que je n'ai pas tout écrit. Nos familles

arrivent à la tombée du jour le vingt-quatre au soir. On a mis les tables bout à bout et il y a juste assez de chaises. Mon père se moque de moi :
— Bon, le roi, tu présides.

Il me désigne ma place en riant. On a décidé de mélanger les adultes et les enfants. Grâce à ces derniers, la glace est vite brisée. En effet, c'est la première fois que nos deux familles se rencontrent et par leurs questions, leur absence de gêne, ils permettent à la tablée d'échanger. Chacun a ramené des spécialités et on commente avec joie les différents mets. On boit de bonnes bouteilles et bientôt les langues se délient. La famille de Loïs est très enthousiasmée par mon action, ils me soutiennent. Ils me disent que je suis un peu fou, mais leur fille étant folle aussi – ils en ont souffert – ils sont heureux qu'elle soit tombée sur moi. Ma famille est plus mesurée. Ils ont ressenti les effets néfastes de ma nouvelle notoriété, notamment lors de ma première télé et de la débâcle qui a suivi. L'aîné des enfants, un neveu de Loïs, prend la parole.
— Mais l'important ce sont les idées. Vous imaginez, j'ai quatorze ans. Si ça se trouve, l'année prochaine, je peux louer un appartement, travailler, tout en allant au lycée. Et toi, papa, si la loi passe, demain tu arrêtes de travailler, tu es à la retraite.
— À quarante-deux ans, je vais pas gagner grand-chose…
— Oui, mais si tu le souhaites, tu peux le faire.

On s'est fait des cadeaux. Pas mal d'accessoires en laine, tout le monde savait que Loïs adorait ça et elle aimait tellement ça qu'elle en offrait elle-même à tout va. Son frère m'offre une pierre à aiguiser pour mon épée. Je souris. On leur annonce que le mariage aura lieu l'été prochain, quand le bébé serait né. On a une idée pour le lieu, mais on n'est pas encore sûrs que ce soit possible. Ils cherchent à deviner mais on garde le secret. J'ai l'impression d'avoir une vie normale, ça me fait du bien. Il faut savoir que les bipolaires comme Loïs et moi voient la norme comme le Graal et quand ils sentent qu'ils s'en approchent, c'est comme une victoire. Mais je sais que la machine que j'ai lancée ne s'arrêtera pas et que je m'éloigne à grand pas d'une existence ordinaire. On se souhaite une dernière fois joyeux Noël, ce qui, vu notre nombre, prend un peu de temps. On se couche heureux.

Les mois d'hiver se déroulent paisiblement. Je me rends régulièrement au point chaud du village voisin, autant pour donner un coup de main que pour voir du monde. Les gens s'entraidant, il y a de moins en moins de personnes dans le vrai besoin, les repas sont plus généreux. L'ambiance entre les soirées varie selon l'humeur des présents. J'essaie de passer quelques nuits complètes là-bas. Un soir de février, une dame me dit :

— J'ai lu attentivement les journaux, j'ai écouté la télé et la radio : personne n'est mort de froid ou de faim cette année !

Cette information est tellement précieuse que je l'enfouis dans mon cœur. Je demanderai confirmation le lendemain et ce sera validé. Au quinze février, l'hiver n'a pas tué. On trinque. En dépit du temps passé au point chaud, j'arrive à m'occuper de Loïs et un peu du champ. Un an est passé depuis la sortie du livre et notre rencontre. Je me dis que c'est allé bien vite, mais tant mieux. Jack nous rend visite. Je sors la prune et il nous montre ses croquis de la forêt. Saisissants. Les arbres sont vivants, on se rend vraiment compte de ce qu'il voit et on ne met plus en doute ses dons d'énergéticien. Il remonte à Paris pour partager ses talents avec les citadins. On l'encourage. Le site du ministère des Utopies est beaucoup moins actif. Depuis qu'ils ont obtenu l'augmentation de salaire, on dirait que les gens désertent un peu. Du coup, j'ai moins de travail. Je disparais peu à peu du paysage médiatique et ça ne me dérange pas. J'ai mon allocution aux Nations Unies. J'écris quinze discours, que je mixe entre eux, pour finir par les mettre à la corbeille. Puis je décide de me laisser le temps et peut-être même d'improviser. Courant mars, les voies sans moteur sont inaugurées un peu partout. Il y en a pas mal dans le coin, qui risquent de me faciliter la vie. Mon livre continue à se vendre, notamment à l'étranger, et je décide que je peux me permettre de construire un box et d'acheter un cheval. Je projette de m'en procurer un deuxième par la suite pour Loïs. Je choisis un Appaloosa. La monture amérindienne, qui reflète à mon sens un côté rebelle, me plaît beaucoup. Le voisin m'aide à installer le box et il me félicite pour le choix de l'animal. Le soir, quand je me rends au point chaud, je sens que j'ai l'air fin, avec mon cheval de western et mon épée au côté. Mais ça me plaît.

— C'est la dernière soirée…

— C'est pour ça qu'il y a autant de monde !

On est serrés, la musique est forte. Soudain, on me pousse sur l'estrade avec un micro dans la main. Je suis censé improviser un discours sur ce dernier soir des points chauds de l'année. On me filme. Je sais exactement quoi dire. Je répète l'information qu'on m'a donnée quelques semaines plus tôt et qui, je le sais, reste vraie ce soir du trente et un mars.

— Personne n'est mort de froid ou de faim cet hiver !

L'émotion monte en moi. Je le répète un peu plus fort. La même phrase, exactement. L'assemblée applaudit. Je répète, toujours plus fort. Certains crient. Alors je crie. Et on crie tous ensemble. Je pleure, je lève mon épée et je le dis une dernière fois. Je descends de mon petit promontoire et on se prend dans les bras. L'accolade dure de longues minutes. À l'aurore, je repars sur mon cheval. Les vidéos de mon intervention seront beaucoup visionnées et mon nombre d'abonnés sur les réseaux sociaux explose. Je reçois plein de messages de soutien. Mon émotion est tellement sincère à l'écran que peu se moquent. J'ai encore fait un « coup politique » sans le faire exprès. Je taille un peu les arbres du champ. Loïs est énorme. Je bêche, je plante. De jour en jour, on entend de nouveaux chefs d'entreprise annoncer l'arrivée de l'augmentation mensuelle dans leur structure. Je m'en réjouis. Mon allocution est prévue la semaine prochaine, mais Loïs peut accoucher d'un moment à l'autre. Je décale mon intervention.
— À l'automne ?

La voix du président est tranchante.
— Vous plaisantez ? Vous voulez les planter de six mois ?
— Je veux du temps pour me marier, voir grandir un peu mon môme et pour réfléchir. Je ne suis pas prêt de toute façon.
— Vous êtes toujours prêt pourtant…
— Merci Monsieur le Président. Je suppose que vous faites allusion à la fermeture des points chauds ?
— Tout à fait. Je vous le répète, Monsieur le Ministre, gardez votre calme. Marchez à pas de loup.
— Je me souviendrai de ce conseil, Monsieur le Président.

Je suis libéré d'un grand poids. Je dis à Loïs :
— C'est quand tu veux !
— Ce n'est pas tout à fait moi qui décide !

Elle a un peu de mal à se déplacer et commence à espérer la délivrance. Quand je cueille les premières fraises, à la mi-mai, elle m'annonce qu'il faut y aller. Concentré, je profite de chaque instant. Je sais que quoi que je vive avant ou après, ce moment sera un des plus importants de mon existence. Alors à la maternité, je suis tout sourire, je fais ce qu'on me dit, je suis toutes les consignes avec attention. Loïs également. Les sages-femmes nous affirmeront par la suite que l'accouchement a été particulièrement rapide. Loïs me dira souvent qu'elle a peu souffert. À la nuit tombée, Mixte naît. Les prénoms mixtes étant à la mode, on s'est dit que « Mixte » était le prénom idéal pour cet enfant. Dans nos bras, on trouve notre bébé magnifique et on s'extasie. On reste trente-six heures et on repart. Le ballet des biberons et autres changes va nous occuper assez longtemps. Nos familles passent voir la perle. Je donne quelques coups de fil et je confirme à Loïs qu'on se marie en août sur la première plateforme forestière maritime au monde, qui s'élancera de Lorient à ce moment-là. On prépare les faire-part.

En juin, les députés vont se lâcher complètement. L'opposition et la majorité vont faire bloc, et demander la légalisation de toutes les substances et leur mise sur le marché, soit en pharmacie, soit dans les bureaux de tabac. La loi passe en une semaine et les scènes de liesse de ce début d'été restent mémorables. Certains élus s'affichent avec un joint à la bouche, des trafiquants, qui de fait ne le sont plus, offrent leur cargaison qui ne vaut plus grand-chose. Il commence à y avoir des plantes comestibles dans les jardins publics, on sent un vent d'Éden qui commence à souffler. Un matin, on m'annonce le décès du président. Comme une grande partie du pays, je suis sous le choc. C'était un homme très populaire, très apprécié de ses contemporains, et l'arrêt cardiaque qui met fin à ses jours me plonge dans une grande tristesse.

À l'enterrement, en banlieue parisienne, Loïs et moi sommes très émus. La ministre des Affaires étrangères, qui a été nommée présidente par intérim, dresse un portrait élogieux et poignant du défunt. Devant la presse, je ne fais pas de commentaires. Chez mes parents, où on récupère Mixte, ma mère me demande ce que je pense de la nouvelle cheffe de l'État.
— Elle est très compétente, mais on n'a jamais été très proches.

On décide de rester quelques jours chez mes parents, le temps de présenter notre enfant aux amis. Gisèle passe une heure à s'amuser avec le bébé, avec lequel il commence à y avoir quelques interactions possibles. On parle du mariage, qui a lieu le mois prochain. Je suis convoqué à l'Élysée. C'est dans le bureau, de manière officielle, que la nouvelle présidente va m'annoncer mon éviction du gouvernement. Je serre les dents et réponds :
— Et pour quelle raison ?
— Officiellement, pour laisser de la place aux autres. Officieusement, parce que vous prenez un peu de trop de place.
— Les deux sont liées.
— Tout à fait.

Sa voix est douce, mais ferme. L'annonce me fait du tort, mais je ne peux m'empêcher d'être sous le charme de cette femme. Je rétorque :
— Il se peut que je ne renonce pas à prendre de la place.
— L'État ne vous y aidera plus.
— C'est un changement radical…
— En effet.

Elle me raccompagne. Je suis désappointé. Loïs et mes parents me disent de rester concentré sur le mariage, mais je passe la journée à réfléchir. Le soir, j'appelle un ami humoriste et lui expose ce que j'ai en tête. Il connaît un grand succès depuis quelques années et fait partie de ceux qui ont écrit un sketch sur les nouvelles religions. Le sien a particulièrement bien marché, notamment auprès de Loïs et moi. Il se révèle partant pour l'aventure que je lui propose. On se voit dans la semaine. On passe la journée à préparer notre intervention. On a décidé de louer le Stade de France. C'est un investissement énorme, pour lui comme pour moi. Toutes nos économies vont y passer, mais on veut le faire. On contacte des amis artistes, comédiens, musiciens, danseurs, improvisateurs. On prévoit de costumer le service de sécurité et les techniciens. Il nous faut plusieurs jours pour écrire le déroulé et enfin, on lance la billetterie. On se rend à Lorient. La plateforme étant déjà en mer, nous prenons une navette pour la rejoindre. Un kilomètre carré de végétaux, avec de petits cabanons discrets entre les arbres. On rencontre les paysagistes, les pépiniéristes, les éthologues. On serre la main de l'industriel qui a investi dans le projet, ainsi que du concepteur de la plateforme. Je ne suis plus ministre, mais je suis bien accueilli. On a décidé de s'unir selon les rites du nouveau culte créé par mon ami. On rigole

bien et c'est émouvant aussi. On passe une semaine tous ensemble sur la plateforme, elle-même tractée par un porte-avions. On apprécie l'air marin, le vent à peine adouci par la présence des arbres. Au retour, le jour du sacre arrive. Le stade est plein. Nous avions proposé les places à un prix symbolique et elles sont toutes parties. Je suis un peu éberlué. Moi qui ai toujours joué dans de petites salles, je vais être sacré roi devant des dizaines de milliers de personnes. Je n'ai demandé la permission à personne et comme je l'ai toujours souhaité, ça va être une cérémonie drôle, durant laquelle le second degré va atténuer l'importance du fond. J'ai négocié les droits télévisés. La première chaîne du pays a accepté, disant que c'était la première fois que divertissement et politique se mariaient aussi bien. J'ai eu peur que la présidente ne s'oppose à tout cela, mais elle est en campagne et ne peut se permettre de se mettre à dos les gens qui me soutiennent. On a fait une répétition l'après-midi qui s'est bien déroulée. La religion fondée par mon ami est basée sur le végétal, alors on a fait venir un grand cerisier au milieu de la scène. On avait hésité avec un faux, mais on a pris un vrai. Les sketchs s'enchaînent, décrivant un pays englué dans une démocratie qui tourne en rond. Certains sont absurdes à souhait, le public rit. Avec le nombre, ça donne de véritables tonnerres, des coulisses, je trépigne d'impatience. J'entre sur scène, mon visage serein en réplique sur les deux écrans géants. En quelques mots, je résous l'ensemble des problèmes décrits dans les différents sketchs. Au milieu de la foule, on avait glissé des comédiens, dont certains avaient un micro. On entend :
— Vive le roi !

Le stade reprend. Je suis partagé entre émotion et envie

de rire. Je me dis que tout ça n'a pas de sens. Et pourtant ! Mon ami, qui n'en croit pas ses yeux même s'il a créé tout ça avec moi, me pose la couronne sur la tête. Je fais un discours. J'explique que je serai un monarque parmi le peuple, que je ne serai ni au-dessus des autres, ni au-dessus des lois. Je finis en expliquant qu'un jour on n'aura plus besoin de lois, mais en attendant, je m'y conforme. On fait un tableau final, en musique, avec tous les artistes, où je danse avec Loïs et Mixte. On se moquera par la suite de notre manque de grâce. En quelques semaines, je suis devenu père, je me suis marié et j'ai été couronné roi. Je réalise peu à peu.

Il y avait un château qui me plaisait bien dans le Val de Loire. C'était un petit édifice adossé à une colline, je l'aimais beaucoup. Je demande au maire de la commune s'il peut me le mettre à disposition. Il accepte. On s'installe. Il y a parmi toutes les pièces une grande chambre avec un lit à l'ancienne. Loïs et moi, on adore. Il y a des écuries pour l'Appaloosa. On lui trouve une copine rapidement. Je fais hisser un drapeau français orné de trois cerises dans le blanc. C'est Jack qui a dessiné le nouvel ornement et le vert de la feuille rehausse les couleurs habituelles du drapeau. J'ai laissé mon champ de la Creuse au voisin, qui est ravi. Mes journées sont simples, je reçois des gens dans un petit bureau. Ce sont majoritairement des personnes avec des problèmes sociaux ou psychologiques, j'ai l'impression d'être un employé de terrain. Je les aide. Quelques fois, j'ai des gens avec des idées farfelues, encore plus folles que les miennes. J'en dissuade certains, en encourage d'autres. Bientôt, je reçois des missives de monarques étrangers, qui me reconnaissent. On est invités par les cours d'Europe du Nord. Mais je ne lâche

pas le morceau, je veux aller aux Nations Unies. J'obtiens par moi-même de pouvoir prendre la parole. Cette fois, je sens que je suis prêt. Avec Loïs et Mixte, on prend un petit avion qui nous dépose en Suisse. La salle est grande, mais après les émotions ressenties au stade pour le sacre, je me sens en confiance. On me présente comme le roi de France, ce qui constitue une première reconnaissance officielle. Je m'exprime de manière simple. Je dis que la paix mondiale est à portée de main, qu'il ne faut plus que quelques détails. Je parle d'une déclaration de satisfaction du tracé des frontières que chaque pays devrait publier. Les nations annonceraient, en préalable à tout le reste, que leurs limites sont à leur convenance. C'est la première étape. Ensuite, attaquer un autre pays devient réellement illégal, dans les faits. Il faut donc assez rapidement constituer une force internationale puissante.
— On va devoir embaucher, dis-je pour détendre l'atmosphère.

Mais l'assemblée n'est pas du genre hilare. En revanche, on m'écoute avec attention. D'autre part, il faut aussi empêcher les guerres civiles. C'est ainsi que la force internationale pourra intervenir si elle le juge nécessaire partout où la rue se soulève, pour la soutenir face à des gouvernements qui seraient dictatoriaux. S'ensuit une série de questions interminable. On me fait part de différents soucis sur le globe et on me demande comment je compte les résoudre. À chaque fois, je reviens à ma feuille de route. Je passe une bonne heure à me répéter :
— Tant que les frontières ne sont pas acceptées, il ne peut y avoir de paix. Si ce pays attaque, la force internationale intervient.

On me rétorque :
— Et si c'est un grand pays qui attaque ?
— Nous devons pouvoir l'en empêcher. Il faut une diplomatie forte et un grand nombre d'hommes et de femmes dans la force internationale.
— Vous sauriez faire plier les États-Unis ?
— Il faut que les Nations Unies soient capables d'empêcher n'importe quel pays d'entrer en guerre.
— Comment savoir si un chef d'État a réellement le soutien de son peuple ?
— La manifestation alternée. En deux jours, par la rue, vous savez si un chef d'État est soutenu. Vous demandez aux citoyens de sortir un jour pour, un autre contre. En deux photos, vous avez la réponse.

À la fin, on me propose de rédiger une charte avec quelques membres de l'assemblée. J'accepte. Je reste ainsi quelques jours à Genève avec Loïs et le bébé, qui commence à gazouiller et à nous faire rire. On visite la ville, qui pour le coup est bien paisible. Les jours suivants sont consacrés à l'écriture de la charte. Chaque mot est pesé et avec le temps de traduction nécessaire entre les différents commissaires, cela dure. Mais bientôt, le texte est publié et je considère que le premier pas vers la paix mondiale est franchi.

***

Dans l'avion qui nous mène à New York, Mixte est plutôt calme. On a décidé avec Loïs de tout faire en famille. Le temps où vie de famille et vie professionnelle étaient séparées s'évanouit peu à peu et je suis content de ne pas voyager seul. Nous allons au siège international de l'Organisation des Nations Unies, qui tient à ce que je réitère le discours que j'ai donné à Genève. J'y ai ajouté quelque chose qui a selon moi une grande importance et j'espère que ce sera bien accueilli. On visite la ville, un musée, Mixte reste sage, on est contents. L'anonymat dans les rues fait du bien, peu de citoyens américains me connaissent et c'est très agréable de se balader discrètement. Je prends donc la parole devant l'assemblée. Je répète ce que j'ai dit au siège européen, mais j'ajoute un volet qui me tient à cœur :

La guerre économique doit cesser. Un État ne doit pas empêcher ses entreprises de commercer avec un autre. Il faut cesser les embargos. Ils font du tort aux populations.

Je sais que les États-Unis sont les premiers à utiliser ce genre de procédés et c'est sciemment que j'ai attendu d'être ici pour en parler. Le soir même, je suis invité sur une grande chaîne nationale. On me pose la question :
— Comment imposer des sanctions alors ?
— Les États ne sont pas des enfants que l'on sanctionne. Et si une population tient à être gouvernée d'une certaine façon, il faut se conformer à ce choix. La liberté est chère aux citoyens des États-Unis, il faut qu'ils respectent celle des autres.
— Mais vous voulez augmenter les forces internationales dont disposent les Nations Unies. N'est-ce pas de l'ingérence, cela aussi ?
— Les forces internationales sont là pour aider des pays, dont le gouvernement est plébiscité, à les défendre soit contre d'autres États, soit contre des groupes terroristes internes au pays. Si un peuple veut renverser son gouvernement et qu'il est clairement majoritaire et déterminé,

alors les forces internationales pourront l'aider. C'est toujours le peuple qui décide.
— Vous êtes roi de France. C'est la première fois depuis très longtemps que la France a un roi. Quelles sont vos prérogatives ?
— Je suis là pour donner mon avis, partager mes idées, mais c'est le Parlement et la présidente qui décident.
— Vous étiez acteur. Vous avez fait de votre sacre un spectacle. Voudriez-vous continuer à jouer la comédie ?
— Je ne m'interdis rien !

La présentatrice, après l'émission, me fait part, tout sourire, des audiences. Les chiffres n'ont rien à voir avec ceux de mon pays et je suis un peu abasourdi d'avoir été écouté par autant de gens. Elle nous invite à un cocktail, en nous trouvant en un clin d'œil quelqu'un pour garder Mixte. Tout le monde parle fort, sourit de toutes ses dents, s'esclaffe en posant sa main sur sa poitrine. Loïs et moi, on se sent tout petits et un peu ridicules avec nos couronnes qu'on a tenu à garder. Un moment, un homme encore plus volubile que les autres s'adresse à nous. Il nous dit que notre parcours est incroyable, il connaît l'histoire de France et c'est pour lui proprement complètement fou que ce pays ait de nouveau un roi. Il a un don pour les préliminaires puisque c'est tout naturellement qu'il nous invite dans un petit salon et qu'il nous explique ce qu'il fait dans la vie. Il est le directeur de casting d'une grande société de production, qui a notamment créé la plus célèbre des séries d'heroic fantasy de ces dernières années. La série, qui a connu un grand succès, continue aujourd'hui. C'est l'histoire de rois et de reines qui se battent pour le pouvoir, comme on le faisait au Moyen Âge. Il nous raconte quelques anecdotes sur le tournage, le hasard fait qu'une des actrices passe et s'assoit à notre table. On grignote et il dit qu'il cherche un acteur pour jouer un roi sombre, fou, le genre de rôles que tout acteur souhaite. L'actrice sourit, Loïs moins, le directeur de casting fait semblant de chercher dans le vague qui pourrait bien jouer ce rôle et je pèse le pour et le contre. Fidèle à mon habitude de décider dans l'instant, je lui demande ce qu'il me propose. Une semaine de tournage le mois prochain et un cachet mirobolant. En même temps, je le comprends, un vrai roi dans leur fiction, c'est un coup de pub assuré. J'accepte, c'est un rêve de gosse, un nouveau, qui se réalise. On danse. J'ai la chance de danser avec cette actrice, qui est une de mes préférées de la série. Je lui fais quelques blagues en rapport avec la fiction. Pendant ce temps-là, la reine de France danse avec le directeur de casting. Au retour, Mixte dort. Loïs me reproche :

— Tu as des responsabilités, tu ne peux pas tout faire…

— Je bosse un peu…

— Oui, tu te fais plaisir… Tu parles aux Nations Unies et après tu vas faire l'idiot dans une fiction débile, ça n'a pas de sens…

— Tu l'aimes bien, cette série !

— Oui, mais tu vas te décrédibiliser.

— Je ne veux pas être crédible, je veux apporter du bonheur, surprendre…

— Quand ils vont te voir au milieu d'une fiction complètement sanglante à mille lieues du monde que tu cherches, les gens ne vont pas comprendre.

— Il faut accepter le passé, ses morts, ses errements. Pour créer un monde nouveau, justement.

Elle se penche sur son téléphone.

— Ton selfie avec Machine fait le buzz. Elle te serre d'un peu trop près. Maîtrise-toi la prochaine fois.
— Je fais ce que je peux.
— Fais mieux.

On a annulé notre retour et on a loué un camping-car pour traverser les États-Unis dans leur largeur pour nous rendre aux studios sur la côte Ouest. On a vu les paysages dont les films nous avaient bercés. J'apprenais mon texte, je répétais avec Loïs, qui revenait peu à peu sur son avis sur la question. Elle s'amusait à me voir en quête du personnage, je travaillais à la manière des Américains, tout en sensations. Loïs prenait des photos avec Mixte et moi. Elle tenait un journal de nos aventures qu'elle voulait illustrer de clichés et ce voyage imprévu lui donnait de la matière. On prend notre temps et on arrive finalement à Los Angeles. Fidèle à notre habitude de visiter la ville, on prend encore quelques photos. On rencontre le réalisateur, avec qui je fais une première répétition. Il semble content. Les studios sont impressionnants, on fait la connaissance d'acteurs de renom. Je fais attention à ne pas être trop proche des actrices lors des selfies, ce dont Loïs me remercie. J'ai un coach pour corriger mon accent. Je me plie à la moindre de ses volontés et en quelques jours, il me félicite de ma diction. On tourne. Il y a des scènes en décor et sur fond vert. Mes partenaires de jeu sont très sympas, encourageants. Ils m'appellent le double roi ! Le soir, on boit quelques verres. Je me rends compte que partout dans le monde, les comédiens partagent ensemble de petits moments de complicité après le boulot et je suis tout impressionné d'être en leur compagnie. Mais le soir du troisième jour de tournage, Loïs me tend un journal et me demande :

— Qu'est-ce que tu vas faire ?

Le président des États-Unis annonce un embargo sur un pays sud-américain. Je devrais prendre la parole pour le condamner, chercher à l'en empêcher. Le lendemain, j'en parle à la production qui me demande au moins d'attendre la fin du tournage. Je ronge mon frein. J'essaie tout de même de rester concentré et je pense que j'interprète au mieux ce roi sombre, que je ne compte pas être dans la réalité. Je me dis que ça fera un bon contrepoint. Je contacte la présentatrice qui m'avait accueilli la première fois dans son émission. Elle accepte de me recevoir une seconde fois. On fait le trajet du retour un peu plus rapidement. Pendant l'émission, je m'emporte, décrivant avec le plus de précisions possible les conséquences d'un embargo. Mais ce qui intéresse le plus les téléspectateurs, c'est ma participation à la série phare. La plus grande partie de l'interview y est consacrée et j'ai beau revenir sur les problèmes de guerre économique sur la fin, la présentatrice me coupe assez vite. Je suis désappointé. Loïs avait raison, mes activités d'acteur nuisent complètement au message que je veux porter. Alors que je m'apprête à accepter une nouvelle invitation à un cocktail, un militaire français s'approche de moi.
— La présidente voudrait vous voir. Nous vous proposons de vous accompagner.

Lui posant quelques questions, je me rends compte qu'il veut que j'embarque sur une navette de l'armée afin de rejoindre la cheffe de l'État sur la plateforme forestière qui se trouve en plein milieu de l'Atlantique. Je réalise que je n'ai pas vraiment le choix et que je suis toujours soumis aux vœux de l'Élysée et ça m'agace un peu. Loïs

et moi remercions chaleureusement la présentatrice et on emboîte le pas au lieutenant. Le voyage est assez rapide et c'est une nuée d'oiseaux qui nous accueille sur la plateforme. La présidente a les cheveux au vent. Elle n'est plus en intérim, elle a été élue lors du scrutin qui a suivi le décès de son prédécesseur, c'est donc une cheffe de l'État en pleine possession de ses pouvoirs que je découvre cette fois. Elle nous reçoit avec son mari à l'abri des arbres. Loïs immortalise le moment. Il y a même une chaise pour Mixte. J'ai l'impression d'être avec un couple d'amis. Je me méfie et pourtant, ce qui va suivre me surprend.
— Je vous félicite pour les risques que vous avez pris aux Nations Unies. S'opposer au président des États-Unis sur son propre sol est courageux, mais très risqué, c'est pour ça qu'on vous a discrètement rapatrié.
— Vous avez décidé de me soutenir ?
— Oui. La communauté internationale, par un miracle dont vous seul êtes capable, vous a reconnu roi, je suis obligée de suivre. Mais j'en suis heureuse, je soutiens votre combat pour la paix, mais il y a des choses que je n'approuve pas.
— Dites-moi.
— Vous avez de hautes responsabilités. Vous ne pouvez pas vous permettre de faire l'acteur.
— Et comment je vis, moi ? Du salaire de ma femme ?

Loïs continuait son travail de journaliste littéraire, elle avait rencontré plusieurs auteurs pendant que nous étions aux États-Unis et avait tiré de ces entrevues de très bons articles. La présidente et son mari sourient. Elle reprend.
— Nous y avons réfléchi. Nous pourrions créer un impôt royal, qui vous serait intégralement versé.
— Un impôt, je ne vais pas rester populaire longtemps…

— Cela dépend du montant.
— Qu'est-ce que vous suggérez ?
— Un montant libre. Entre un et cent euros par an et par habitant. Cela vous fait au minimum quelques millions d'euros et au mieux quelques milliards. De quoi proposer une monarchie qui tienne la route et éviter de vendre vos talents d'acteur aux puissances étrangères.
— C'est énorme. Et l'idée d'un montant libre est rudement maligne. Bravo !

On fait une promenade le long de la mer. Le mari de la présidente, poète, récite des vers. Loïs se propose de faire un article sur son dernier livre, qu'elle a lu récemment. Il accepte. Le vent du large nous fait du bien, Loïs et moi sommes heureux de retrouver le lieu de notre mariage. Le soir, tout heureux, on se rend compte qu'avec cette nouvelle, chaque année, c'est comme si on allait gagner au loto et on pense à comment utiliser ces énormes sommes. Le lendemain, la présidente fait une allocution à laquelle elle me convie. C'est devant les arbres battus par le vent qu'elle annonce qu'elle me reconnaît comme souverain et que le drapeau aux cerises représentera tout autant la France que le drapeau classique. Elle annonce la venue de l'impôt royal et me donne la parole. Je la remercie et rapidement, j'explique à quoi sera dédié l'argent versé. Je donne des nouvelles de Mixte ; en effet, un engouement s'est déclenché autour de notre enfant, alors je fais venir Loïs et le bébé qui commence à grandir. Le mari de la présidente nous rejoint, on prend quelques photos, on se congratule, c'est encore un moment bien heureux. Le soir, on dîne avec les scientifiques, les militaires et les membres de l'exécutif. Au moment où la présidente me tend un joint, je me dis que le monde a changé. Je prends quelques bouffées et j'ai l'impression de me gorger d'énergie pour ce qui va suivre. Je lui propose de faire quelques pas. Sous un saule, je lui explique ce que j'ai dans la tête. Je résiste à la tentation de l'embrasser, je préfère qu'on se passe d'un scandale amoureux qui pourrait nuire à tous ces projets. Elle acquiesce.

— C'est encore plus courageux que ce que vous avez fait pour l'instant. Je vous soutiens.

Loïs apparaît. C'est elle que j'embrasse. La présidente prend congé. Ma femme sait que celle-ci ne me laisse pas indifférent et elle s'arrange pour se rappeler à moi au bon moment. On fait une dernière balade devant l'océan et on va se coucher.

Au château, quelques jours plus tard, le grand rasé, qui ne l'est plus, nous attend. Des bouclettes encadrant maintenant son visage, il propose de se mettre à notre service en tant que garde du corps. Le fait qu'on s'oppose à la politique américaine l'a galvanisé. Il nous montre son arme de poing, nous confie qu'il a quitté son parti et que ce dernier est responsable des échauffourées aux points chauds l'an passé. Je retiens l'information et accepte sa candidature. On lui propose une chambre au château et on lui trouve un cheval. Les recettes de l'impôt royal tombent le mois prochain, on tiendra jusque-là. Les préparatifs du prochain voyage commencent. Je rappelle mes trois médiateurs, ainsi que Jack. Je leur explique le trajet, ce qu'on va faire. On a l'hiver pour se préparer. Des millions d'euros arrivent sur le compte. Loïs et moi fêtons ça. Et comme je l'avais annoncé, j'achète des terres un peu partout sur le territoire. Elles sont déclarées terres royales et chacun est libre d'y aller et venir, d'y planter et d'y cueillir ce qui lui chante, d'y camper s'il le souhaite. Une bonne partie de la saison est donc passée à éplucher les annonces immobilières, visiter les terrains, signer des papiers. J'ai fait faire un sceau et il sert beaucoup cet hiver-là. Les points chauds connaissent leur deuxième saison, ils sont devenus de véritables lieux de rencontre pour la population. Les gens dans le besoin y côtoient des gens plus aisés, ça se passe au mieux. Couplés au système des auberges municipales, les points chauds permettent à beaucoup de se réinsérer facilement et certaines villes, au cœur de l'hiver, ferment leur accueil faute de demande. Le succès est sans conteste. Un soir, Loïs me dit :

— On est fous de partir sur les routes avec Mixte…

— On s'est interrompus parce que tu étais enceinte, on ne va pas reporter parce que Mixte n'a pas l'âge… Tu imagines, un an, sur un cheval, avec ses parents, c'est génial !

— Si tu le dis…

À la mi-mai, pour l'anniversaire de Mixte, la petite troupe reformée se lance dans l'aventure. Cette fois, nous allons essayer de traverser l'Europe pour rejoindre la Turquie et enfin les terres israélo-palestiniennes. Dès le premier jour, notre enfant s'adapte facilement. On avait fait des essais lors de balades à cheval et la petite troupe au complet est contente de cette monture, certes plus classique que les yaks, mais finalement plus confortable. On a aussi l'air moins ridicule quand on arrive dans les villages le soir. Les nouvelles voies sans moteur sont parfaites et la signalétique claire. On essaie de passer quelques fois par des terres royales et on s'aperçoit que les gens se les approprient de belles façons. Mes médiateurs sont désormais réellement en trouple et leur relation fusionnelle est agréable à voir. Ils ont la fonction de conseillers royaux et ils s'amusent de cette dénomination. Dans les faits, ils gèrent ma communication, qui avec leur aide devient plus fournie. Lors du voyage, je vais faire environ une allocution par semaine, directement diffusée sur les réseaux sociaux. À chaque fois, je réagis à l'actualité, filmé par leurs soins dans des cadres souvent d'une rare beauté. On passe la frontière italienne. On est au cœur de l'été et l'air est chaud. On apprécie les paysages. On ménage des pauses pour que Mixte fasse ses premiers pas. Les vidéos de Mixte trottinant dans la campagne italienne font beaucoup plus de vues que mes allocutions, alors avec mes conseillers, on décide de se concentrer sur les aspects attrayants du voyage. Notre garde du corps et son chien se révèlent de véritables clowns et on se plaît à créer une mini-série sur leurs aventures. On passe par Venise, que nous visitons en compagnie de ministres italiens qui ont fait le déplacement pour nous rencontrer. Ils me disent qu'au vu de ma réussite, et du bien que je semble faire à mon pays, ils vont peut-être recruter un empereur. Je leur dis que c'est une excellente idée, mais en riant, je les mets en garde contre les conquêtes, qui sont contre ma philosophie. Jack passe la journée à peindre, il se régale. On dîne tous ensemble dans un bon restaurant. À la sortie, sur une place savamment éclairée, nos conseillers se demandent en mariage. Deux d'entre eux s'étaient accordés pour surprendre le troisième et en trois temps, ils échangent leurs vœux. On est tout ému. La délégation italienne les félicite et on se promène quelque temps avant de regagner notre hôtel. Quelques jours plus tard, on passe en Slovénie. L'accueil du pays est plus froid, un couple de diplomates nous saluant à la frontière pour nous laisser continuer notre chemin seuls. Mes conseillers échafaudent l'hypothèse que la République de Slovénie ne veut pas éveiller l'idée qu'un roi puisse prendre le pouvoir. La Croatie se montre beaucoup plus chaleureuse. C'est une quinzaine de dignitaires, dont le ministre des Affaires étrangères, qui nous accueillent à la frontière. Et ils sont à cheval ! Je les remercie. Ils vont nous accompagner pendant tout le périple le long de l'Adriatique. On se baigne souvent et la France, via les réseaux, découvre son roi en slip de bain, ce qui fait bien rire. On fait des châteaux de sable avec Mixte et les responsables croates ne cessent de me parler de paix. Ils sont intarissables, ils m'assurent que leur pays enverra des femmes et des hommes pour le contingent international. Leur enthousiasme est communicatif. Je me laisse aller à leur dévoiler un peu de ce que je compte faire. Mes conseillers me suggèrent de ne pas trop parler, mais je me sens proche d'eux, alors je partage ce qui me trotte dans la tête. À la frontière bosniaque, nous nous donnons l'accolade avec chaleur. C'est alors que retentit une musique festive à quelques pas. La Bosnie-Herzégovine nous accueille à son tour. C'est un véritable orchestre qui joue pour nous. Les Croates prolongent le plaisir en dansant avec nous, tout le village est réuni. Mes conseillers sortent leur téléphone pour filmer et on a encore l'impression de vivre un moment unique. Notre garde du corps, son chien et Mixte nous proposent encore des séquences cultes et on finit dans une salle des fêtes où le maire nous offre une collation. Il prend la parole, vantant les mérites de notre voyage vers la paix. Il me propose de dire quelques mots, ce que je fais avec plaisir, les remerciant pour l'accueil.

Notre traversée de la Bosnie va se faire en musique et un soir, je n'y tiens plus, j'emprunte une guitare et je chante une petite chanson. La vidéo de ma piètre performance va à son tour faire bien rire. Quand nous arrivons à Sarajevo, je me dis que nous n'avons pas fait le voyage pour rien. Cette ville, symbole de la guerre des Balkans, est une parfaite étape pour notre croisade pour la paix. Des amis humoristes, dont notre cher prêtre végétal, nous ont rejoints pour proposer une petite cérémonie au cœur de la ville, en plein air. Un nouvel orchestre se joint à nous et nous donnons une petite prière, qui se veut à la fois amusante et respectueuse du lieu. Bientôt nous entrons en Serbie, puis au Kosovo, où nous sommes reçus à Pristina par les autorités. Le pays n'étant pas reconnu par la totalité de la communauté internationale, je leur assure que bientôt, tous les peuples revendiquant leur indépendance seront acceptés, que c'est la condition préalable à la paix mondiale. On trinque et ma conseillère nous annonce qu'elle est enceinte, elle ne sait pas de qui, ce qui fait rire ses deux collègues. La traversée de la Macédoine se fait sans encombre et nous sommes heureux de retrouver la mer sur la côte grecque. C'est maintenant l'automne, mais il fait encore doux et nous profitons avec plaisir des joies de la plage. Un soir, Jack nous annonce qu'il est entré en contact avec les anciens dieux des flots. Il souhaite rester. On se moque gentiment de lui, mais on respecte son choix et on lui dit au revoir. À la frontière turque, deux longues voitures sombres nous attendent. Les chauffeurs nous invitent à monter, nous disant que les chevaux seront bien traités et conduits avec nous. Effectivement, des camions à remorques sont là aussi. Je regrette de ne pas pouvoir continuer comme nous avions commencé, mais je fais signe aux autres d'obtempérer. Notre garde du corps est nerveux. C'est la première fois que je le vois dans cet état. Nous traversons toute la Turquie, jusqu'à Ankara. Nous

ne verrons d'Istanbul que ce que les lacets de la route nous laisseront apercevoir. Dans la capitale, nous logeons dans un très bel hôtel. Nous nous rendons bientôt compte que nous ne pouvons en sortir, ce qui m'agace au plus haut point. Au bout de trois jours, le président me reçoit. Je sais que ce dirigeant est très controversé, qu'il a beaucoup d'opposants dans ses geôles, alors je fais très attention à ce que je dis. Je n'ai pas envie d'entacher le voyage par un séjour en prison. Cependant, je ne peux m'empêcher de lui faire part de ce que j'ai sur le cœur. L'entretien se fait à huis clos, autour d'un thé. Il prend la parole :
— Comment se passe votre voyage ?
— Nous sommes bien accueillis partout où nous passons, notre quête de paix semble être partagée par la plupart des gens que nous croisons.
— La Turquie hésite à promulguer la satisfaction des frontières à laquelle vous tenez.
— Pourquoi ?
— Il y a certains territoires qui reviennent de droit à l'État turc.

Il sort une carte, où il pointe des îles grecques et une bande de territoire syrien. Il reprend
— Il y a de fortes chances pour que nous les annexions bientôt.

Je suis pris au piège. Si je donne mon aval, c'est comme si je donnais mon approbation à une probable guerre et si je m'insurge, seul dans son bureau au milieu de ses gardes et conseillers, je ne sais pas exactement ce que je risque. Le voyage ne pouvait pas être une intégrale partie de plaisir. Je réponds :
— Vous pourriez laisser le choix aux populations.

Comme pour le Kurdistan.

J'ai touché un point sensible. L'atmosphère se tend. Et c'est pourtant avec une grande douceur qu'il réplique.
— Est-ce que je vous pose la question de l'indépendance de vos régions ? Je vous demanderai donc, à l'avenir, de ne pas interférer dans les affaires de pays que vous ne dirigez pas.

J'allais répondre plusieurs choses, mais il coupe court à l'entretien. À l'hôtel, la sombre caravane nous attend et nous sommes sommés de faire nos affaires. Je me fais l'effet d'un idiot qui a foncé tout droit dans la gueule du loup et qui s'est fait engloutir sans rien obtenir. Je me dis que je ne suis qu'un guignol, absolument pas taillé pour la politique étrangère. Loïs et mes conseillers me rassurent, me disent que j'ai bien agi et leur soutien me fait du bien. Nous sommes donc accompagnés à la frontière syrienne. C'est cette fois une quinzaine de Jeep militaires qui nous accueillent. L'armée française a débarqué. Le lieutenant qui nous avait récupérés à New York est là, accompagné d'un colonel qui se présente à nous.
— La région est instable, la présidente a jugé utile de vous apporter une petite protection.
— La protection n'est pas négligeable, merci de votre aide.
— La présidente voudrait vous parler.

Il me tend un téléphone. Je lui conte mon entrevue avec le président turc. Elle me répond :
— Allez-y doucement, s'il vous plaît.
— Vous me rappelez votre prédécesseur.
— Paix à son âme. Vous serez escortés jusqu'en Israël,

c'est vu avec les différentes autorités.
— Merci.

J'ai l'impression d'être un enfant turbulent qu'on essaie de contrôler comme on peut. Je rends le téléphone, installe Mixte dans le petit siège et remonte à cheval. La moitié des véhicules nous précède, l'autre nous suit. Notre convoi n'inspire absolument pas la paix. L'accueil de la population est donc très mitigé. Ici, les gens voient les choses de manière bien sombre et il nous faut trouver des trésors d'optimisme pour les convaincre du contraire. Le Liban s'avère un peu plus joyeux et curieusement très favorable aux nouvelles religions. Des récents événements survenus en France, c'est ce qu'ils retiennent le plus. Des églises issues des nouveaux dogmes ont poussé et plusieurs Libanais se disent polyreligieux. Ils ont leurs rites de cœur, qu'ils suivent depuis petits, et leur nouveau dogme pour rire, auquel ils croient au second degré, tout en pratiquant avec ferveur. En entrant en Israël, je ne sais pas encore que je vais rester dix ans dans la région.

***

Comment ai-je fait pour participer à résoudre le conflit israélo-palestinien ? J'ai pris mon temps. Et je n'étais pas seul. Loïs m'a soutenu. On a eu deux nouveaux enfants en terre sainte. Bis et Terre ont rejoint Mixte. Ils ont grandi là-bas. Ils ont appris l'hébreu, l'arabe, le français et l'anglais. Terre avait des troubles autistiques légers, ce qui fait qu'on s'en occupait encore plus. Ils nous accompagnaient dans nos déplacements et avaient cette faculté dont j'ai déjà parlé de détendre l'atmosphère autour d'eux. Mes conseillers aussi s'étaient reproduits. Ma conseillère s'était débrouillée pour avoir un enfant de chacun de ses conjoints et nous étions vraiment deux familles très unies. Boucle d'Or – ce surnom s'était imposé – vivait une vie de célibataire trépidante depuis le début du voyage. De temps en temps, il nous en contait quelques bribes en caressant son chien.

Je passe les premiers mois à faire des allers-retours entre les centres de pouvoir des deux camps. Les convaincre de se rencontrer, de se reconnaître. On me répond souvent que c'est impossible. Mais j'organise des réunions entre des dirigeants locaux et je monte les échelons petit à petit. Dès que les deux communautés font un pas l'une vers l'autre, je réagis, les félicite. Un jour, je suis invité à rencontrer le premier ministre israélien. Je lui expose les raisons de ma venue. La paix durable au Proche-Orient serait un encouragement énorme pour la planète entière. Il faut y arriver. Il me demande comment je compte l'aider.
— Un jour, Israël et la Palestine ne feront qu'un pays. En attendant, il vous faut reconnaître les territoires revendiqués par l'autre camp. Accorder la souveraineté de villes, de quartiers, de rues, petit à petit. Un maillage précis.
— Et vous voulez des postes douaniers à chaque boulevard ?
— Pensez comme en Europe, des frontières sans checkpoints !
— C'est impossible. Nos citoyens ont besoin de sécurité.
— Si vous êtes en paix, vous n'avez pas besoin d'un niveau de sécurité aussi élevé.
— Écoutez, vous êtes gentil, mais vous ne connaissez rien aux problématiques de mon pays. Retournez faire l'acteur et laissez chacun s'occuper de ses affaires.

L'épisode de la série dans laquelle j'avais joué était sorti et une fois de plus, mes prétentions de comédien me causaient du tort. L'entretien se termine. Quelques jours plus tard, dans une émission télévisée, je lance un jeu. Celui des drapeaux. Je propose que sur tout le territoire, Israéliens, Palestiniens et ressortissants internationaux affichent le drapeau de leur pays, afin de donner un goût de paix cosmopolite aux lieux. Si cette mode ne datait pas d'hier, elle reçoit un grand succès, notamment de la part des étrangers. Je m'invite régulièrement avec Loïs chez des expatriés français, on parle du pays, cela fait du bien. C'est à cette époque que les services de renseignements israéliens vont tenter de m'espionner. Ils ne savent pas qu'il n'y a pas grand-chose à trouver, puisque j'agis d'une part souvent au grand jour, d'autre part sans beaucoup de préparation. Une jeune femme qui se prétend altermondialiste va tenter de me faire du charme. Au début, elle y réussit assez bien, nos conversations sont agréables, je lui décris ce que j'ai dans la tête et elle réagit avec enthousiasme. C'est Boucle d'Or qui va m'alerter. Il tente de la suivre, mais elle disparaît avec une aisance qui n'est pas naturelle. Il m'annonce avec certitude que c'est un agent des services secrets. Je me dis que cette histoire commence à me dépasser complètement, j'hésite à divulguer de fausses informations pour faire diversion, mais finalement, je décide de m'accrocher. Au lieu de ça, je continue ma propagande de paix les yeux dans les yeux avec elle. En tant qu'acteur, je suis impressionné de la ferveur avec laquelle elle feint de partager mes idées. Je la découvre de plus en plus entreprenante à mon égard et je suis obligé de calmer le jeu. Bientôt, je suis invité à rencontrer les autorités palestiniennes. J'invite mon espionne à participer. Je sais que je joue un jeu dange-

reux, mais je suis sûr que ça peut marcher. Je propose aussi à Loïs et mes conseillers de venir, je m'amuse que la moitié de la délégation soit féminine, je sais que ce n'est pas une grande habitude chez nos hôtes, mais finalement, l'accueil se passe au mieux. Comme à mon habitude, j'entre dans le vif assez rapidement. Je dis que les attentats doivent cesser, partout dans le monde bien sûr, mais particulièrement ici. On me répond que la population est difficilement contrôlable. Je rétorque :
— Les services de renseignements palestiniens doivent être plus performants. Nous pouvons vous aider.
— La France ?
— Pas forcément.

J'ai tout misé sur ce moment. Je regarde mon espionne dans les yeux avec insistance. Elle sait depuis quelque temps que je connais sa fonction et en croisant son regard, j'espère qu'elle prendra la parole. Ce qu'elle fait.
— Israël et la Palestine pourraient coopérer sur le renseignement, les deux camps ont à y gagner. Nous pouvons vous aider.
— C'est une blague ?
— Absolument pas.
— Qui êtes-vous vraiment ?

Je sens que l'atmosphère se tend. J'interviens.
— L'arrêt définitif des attentats est le seul préalable à la paix. Une coopération semble nécessaire en ce sens.
— C'est ridicule.

Des années plus tard, j'apprendrai qu'en réalité, cette entrevue a été le premier pas vers un service de renseignement commun et que ce que j'ai longtemps pris pour une défaite était en fait une vraie avancée dans le rapprochement des deux pays. Ils ne voulaient juste pas que j'en sois l'auteur, ni que je sache quoi que ce soit. Ce qui, au regard du secteur d'activité et de ma capacité à garder un secret, m'a semblé une idée judicieuse.

Installés à Tel-Aviv, on a ouvert un théâtre. L'idée ne plaisait pas aux autorités françaises, mais on l'a fait quand même. La programmation était variée, allant d'artistes locaux aux vedettes internationales, et les prises de position étaient souvent tranchées. C'était une réelle pépinière d'idées et le bar était souvent un lieu d'échanges très intéressants après les spectacles. Ainsi, maintes fois nous avons pris des clichés de comédiens israéliens et palestiniens se serrant la main que Loïs compilait dans son journal de bord. Dans la foulée, on a aussi ouvert une église végétale, qui nous a permis de célébrer un certain nombre d'unions à plusieurs. Les Français étaient un peu déçus que leur roi les abandonne et que l'impôt royal serve à des investissements à l'étranger, alors j'ai fait une petite allocution spectacle depuis le théâtre. Je reprenais le thème de Don Quichotte avec Boucle d'Or, dont beaucoup appréciaient les fantaisies, en Sancho Pansa. Je me moquais un peu de mon entreprise de paix, je faisais comprendre que je faisais la guerre aux guerres, ce qui avait selon moi quand même un sens et qui se révélait plutôt drôle à mettre en scène. À la sortie du théâtre, un soir, un homme se rue sur moi en hurlant un couteau à la main. Je me retourne vers lui, pour entendre une détonation le stopper net d'une balle dans la tête. C'est la seule et unique fois où mon garde du corps me sauvera la vie. Il a été là au bon moment, n'a pas tremblé. L'enquête sera longue et si la piste palestinienne est d'abord retenue, on se rendra compte au bout de quelques années que le commanditaire était une grande puissance étrangère. En effet, mon action contre l'embargo américain a eu des suites et les États-Unis se sont retrouvés seuls à mettre la pression économique sur leur voisin. Aucun pays ne les a soutenus, leur tentative de déstabilisation a été un échec. Alliés à une puissance du Golfe, ils ont envoyé cet assassin pour tenter de m'ôter la vie. Avec Loïs, le soir même, on se demande si on ne va pas rentrer au pays, mais on décide de s'accrocher. Les semaines suivantes, des dignitaires des deux camps se rendent au théâtre afin d'afficher leur soutien. Le lieu connaît un grand succès et participe à faire vivre nos idées. Les enfants vont grandir parmi les artistes, apprenant naturellement la comédie. Depuis ce quartier général plutôt joyeux, je vais continuer à effectuer mon travail de rapprochement diplomatique qui va s'avérer payant. Au bout de ces dix années, les territoires palestiniens sont reconnus, les frontières tracées et, si les check-points existent toujours, les attentats ont quasi disparu. Nous décidons donc de retourner en France, laissant le théâtre aux mains de Boucle d'Or à qui je dois la vie et qui a maintenant un spectacle en duo avec Vauban, son chien. On rentre par les airs et bientôt on se retrouve avec mes conseillers et leur famille dans le château du Val De Loire. Jack nous rend rapidement visite. Il est très curieux des soucis de Terre et nous propose de s'en occuper régulièrement. Les progrès sont étonnants et en quelque temps, notre enfant s'ouvre, s'exprime de plus en plus facilement, on se dit que notre ami a vraiment des dons. La majorité libre est passée dans la loi il y a peu et Mixte trépigne. À onze ans, il échafaude des plans, il veut devenir comédien et tenter sa chance à Paris, puis pourquoi pas à l'étranger. Loïs et moi réalisons qu'étant

à l'initiative de cette loi, on ne pourra pas le retenir très longtemps. Bis est plus mesurée. À neuf ans, elle s'applique à l'école, de temps en temps, elle chuchote à sa mère que la couronne l'intéresse. On prend du plaisir à visiter les terres royales, qui sont devenues pour certaines de vrais paradis. Les citoyens y ont planté de nombreux arbres fruitiers et elles sont désormais des sanctuaires pour la faune sauvage. On reprend les achats et ainsi le nombre d'hectares de terres libres grimpe encore. La présidente ne l'est plus, les élections sont passées par là. Elle nous rend visite. Au dîner, elle me lance une pique :
— Vous savez, pendant que vous faisiez preuve d'une totale ingérence au Proche-Orient, votre propre pays était en guerre…
— Vous parlez du Sahara ?
— En effet. Si vous voulez faire la paix, commencez par regarder du côté de votre pays. Seule, je n'ai rien pu faire, notre pays est enlisé depuis des années. Les populations locales n'en peuvent plus.

C'était clairement un défi. Elle jouait avec moi. Je n'ai pas résisté. J'ai levé mon verre et j'ai annoncé mon départ. Mixte a quitté la table, les yeux de Bis brillaient et je crois que Terre ne réalisait pas bien. Un de mes conseillers a dit que c'était tant mieux, il commençait à se faire chier. Dans notre immense lit, Loïs me foudroie du regard.
— C'est pour cette femme que tu te lances là-dedans ? Tu vas faire la guerre, tu te rends compte ?
— Non, je vais faire la paix, tu vas voir.

Je lui explique ce que j'ai dans la tête. Elle réplique :
— Je viens à peine de retrouver ma famille, mon pays, et tu veux qu'on reparte ?

— Tu n'es pas obligée de me suivre.
— Tu veux rester avec ton ex-présidente ?
— Je préférerais que tu m'accompagnes, mais tu as le choix.
— Eh bien je reste.
— Tu ne crois plus en moi ?
— Je n'ai pas envie de passer dix ans dans le désert pour qu'au retour on me dise que notre action, c'est de l'ingérence. Non, je ne veux pas.
— Tu me laisses seul ?
— C'est ce qu'on va voir.

On a appelé les enfants. On leur a expliqué la situation. Mixte voulait rester, Bis voulait me suivre et Terre était dans la lune. On a respecté le souhait des deux premiers et on a décidé que la dernière resterait avec sa mère. C'était assez soudain et voir ainsi ma famille se décomposer me faisait un drôle d'effet. Je me demandais ce que j'allais devenir sans Loïs, comment j'allais finir d'élever Bis sans elle. Je savais dès maintenant que Mixte et Terre allaient cruellement me manquer, mais j'avais donné ma parole de tenter quelque chose en Afrique et là-bas encore, la paix était une étape cruciale pour l'harmonie mondiale que je souhaitais. Un matin, on s'est tous embrassés, on a pleuré un peu, surtout Terre qui commençait à réaliser. Peu après, dans le véhicule qui nous menait en Méditerranée, Bis m'a glissé :
— Je voudrais ajouter un e à mon nom.
— Bise ?
— Oui.
— Pourquoi ?
— Ça a du sens pour moi.
— Alors d'accord.

Sur la plateforme forestière, il y en a maintenant plus d'une douzaine, sans compter les plateformes étrangères, le nouveau président nous accueille. C'est le troisième chef de l'État français que je rencontre, je commence à être habitué, mais je reste concentré. Sous les arbres, au milieu des oiseaux, nous discutons stratégie. Je lui dis qu'il faut peupler le désert et faire d'une pierre deux coups. Pacifier et végétaliser. Amener des femmes et des hommes à s'installer et planter des arbres par millions. Il répond :

— Vous voyez les choses en grand.

— Si on n'envoie que des soldats, ils repartiront. Il nous faut tous les corps de métier. Nous devons faire de ces terres des endroits accueillants, où on a envie de rester.

— Et comment les encourager à venir ?

— Il faut les rémunérer, c'est sûr. Les pays en question doivent le faire, la France aussi, la communauté internationale, tout le monde doit mettre la main à la poche, les entrepreneurs suivront.

— Et qui se charge de la campagne ?

— Mes conseillers sont en route. L'une est à Paris et les deux autres à Genève et Bamako. Je recrute de nouveaux conseillers qui seront eux-mêmes chargés de trouver des volontaires pour peupler le désert.

— Il faut le pacifier, d'abord.

— Il faut faire les deux de concert. L'arrivée de soldats, de médecins, d'instituteurs, d'ingénieurs venus du monde entier va être un sacré coup d'arrêt à l'expansion terroriste. Mais il faut une arrivée massive.

Depuis Tunis, accompagnés de plusieurs chefs d'État, nous avons partagé notre plan par une allocution lors de laquelle chacun a pu s'exprimer. J'ai accordé à Bise la possibilité de prendre la parole. Elle a repris les thèmes qui m'étaient chers et a mis en valeur ce que ces vastes territoires représentaient comme enjeux et espoir pour les générations futures. Son discours était très mature et la voix d'une enfant faisait du bien à entendre.

Nous traversons le désert de part en part, plusieurs fois. Nous rencontrons les différentes autorités, qui nous proposent pour beaucoup d'offrir des terres aux nouveaux arrivants. On réfléchit aux infrastructures routières, hydrauliques, électriques. Des industriels du monde entier se pressent autour de nous. Privilégiant souvent les plus petits d'entre eux, ou ceux dont les attaches sont locales, nous tentons de ne pas réitérer les erreurs du passé. Des candidats du monde entier affluent, s'installant un peu partout. En parallèle, des opérations militaires ont lieu. Il s'agit de reprendre le contrôle d'immenses territoires et de faire le moins de victimes possible. L'arrivée des puissances chinoise et russe dans l'aventure est un réel tournant. Comprenant que la région va devenir un véritable eldorado économique, elles cherchent à y étendre leur influence. Le nombre de soldats et de civils explose. Le contingent, au préalable très européen, devient réellement international. Le commandement, basé au Mali, se veut le plus collégial possible. Je garde une fonction consultative, mais mon avis est largement écouté. Notre tactique est simple. Reprendre des villages, petit à petit, et les fortifier. Des fortifications vivantes ! En effet, c'est une réelle forêt que nous plantons autour des villages, avec parmi la végétation de quoi observer et se défendre. Rapidement, on se rend compte d'une des faiblesses de ce dispositif. On peut y mettre le feu facilement. On installe donc des points d'eau dans la végétation. Ce sont de

véritables mangroves qui protègent maintenant chaque village repris. De nouvelles agglomérations sont aussi créées sur ce système, chaque année passée rendant les lieux mieux défendus. Un soir, j'ai Loïs au téléphone. Elle me demande une signature pour la majorité de Mixte. Elle ajoute :
— Je suis avec Jack.

J'ai du mal à garder contenance. Je suis profondément atteint par cette nouvelle. Je la félicite tout de même et je raccroche. C'est comme si la séparation prenait acte à ce moment précis. Je suis effondré. Un peu plus tard, je tombe dans les bras de l'ex-présidente, au coucher du soleil, dans un village isolé. La prédiction de Loïs se réalise. Je suis heureux avec cette femme et je ne me cache pas. Avec elle à mes côtés, je suis encore mieux écouté lors des différentes délibérations. Le soir, avant et après nos ébats, on discute stratégie, elle est réellement concernée et passionnée par ce qu'on entreprend. Elle a divorcé il y a peu et c'est avec sérieux qu'elle envisage notre relation. Bise accepte bien la situation. Elle m'apprend qu'elle est amoureuse du fils d'un dignitaire malien, qu'ils ont déjà choisi où ils veulent vivre. Ils attendent leur majorité pour s'installer dans une partie du désert qui leur plaît. Je suis étonné de la précocité et du courage de ma fille. Elle a jeté son dévolu sur une région particulièrement exposée et je suis fier d'elle. La construction des routes avance, l'eau et la végétation se répandent très vite et de véritables villes commencent à s'élever. La guérilla s'apaise peu à peu et les terroristes, se repliant sur une zone à cheval sur trois pays, demandent son indépendance. Ils assurent qu'ils arrêteront leurs raids meurtriers en échange de l'obtention de ces nouvelles frontières. Nous sommes tous très partagés. Après ce qu'ils ont commis, les laisser administrer un État est dangereux ; d'autre part, j'ai toujours été pour l'autodétermination. Mais qu'en pense la population ? Après des jours de débat au sein de la coalition, on décide de ne leur accorder l'indépendance que s'ils organisent un référendum, en présence de forces internationales. Ils refusent. On continue à avancer sur le terrain. C'est alors qu'on donne le coup de grâce. Avançant des trois fronts en même temps, nos agents infiltrés réussissent un coup d'État dans leurs rangs. Quand les forces se rejoignent dans la ville, c'est pour découvrir les principaux dirigeants prisonniers et la cité prise. Ce jour-là est fêté partout dans le monde. En effet, quasiment chaque pays a des ressortissants ou des soldats impliqués dans ce conflit et son dénouement galvanise les foules aux quatre coins de la planète. Des milliers de graines, de plants, d'arbres sont envoyés d'un peu partout et on passe les mois suivants à ensemencer la ville et ses faubourgs. Il y a encore quelques altercations, quelques attentats, mais la coopération internationale vient à bout rapidement de ces derniers soubresauts. Avec l'accord de Loïs, je donne sa majorité à Bise, qui s'installe avec son homme dans la région qu'ils avaient choisie. Ils ont treize ans chacun, sont hauts comme trois pommes, mais ils savent exactement ce qu'ils veulent. Une immense ferme, une forêt comestible et une auberge pour les gens de passage. Je lui demande en riant où elle a trouvé toutes ces idées. Elle me répond avec sérieux qu'elle veut suivre mon chemin. Je suis un peu ému.

Terre a grandi. Jack a continué à s'occuper d'elle et les résultats sont impressionnants. Elle me dit qu'à sa majorité, elle marchera, autour du monde, toute sa vie. Je

trouve ça mignon, mais connaissant la volonté de ses deux aînés, je me dis qu'elle réalisera sûrement son rêve. Mixte tourne actuellement dans une série sud-américaine. Il a un rôle de jeune adulte aux nombreuses conquêtes et il est la coqueluche de son pays d'adoption. Loïs et Jack sont toujours ensemble et j'évite de rester trop longtemps en leur compagnie, parce que ça me fait mal. Mes conseillers principaux se sont installés près de Bise au Sahara, ce qui me rassure un peu. La famille s'est agrandie de jumeaux et ils espèrent qu'ils seront dizygotes de chacun des deux pères, ce qui, peu probable, serait effectivement fort amusant. J'envie leur trouple de durer alors que mon mariage s'est mal terminé. J'ai l'impression d'avoir choisi une voie trop simple, je me dis que j'aurais dû être aussi courageux en amour que dans les autres domaines. Au château, l'ex-présidente s'ennuie clairement. Elle me dit :
— Les guerres civiles.
— Eh bien ?

Elle sort un globe.
— Là, là et là, ça chauffe. Il faut qu'on y aille.
— On n'est pas bien, là ?
— Non, on n'est pas bien. Il reste des gouvernements qui oppriment des peuples, on n'a pas fini le travail.
— La dernière fois que tu m'as proposé de partir à l'aventure, j'y ai perdu ma femme.
— Tu en as gagné une autre.
— Certes.

Ses yeux brillent. Je lui dis qu'on verra ça la semaine prochaine. Je bois beaucoup cette semaine-là. Au point chaud, au château, dans la Creuse où je passe voir mon ancien voisin à qui j'ai fini par offrir mon terrain et ma maison. On se promène et je me plains. Il me rassure. Il m'encourage, même. Je dors dans le champ, avec une bouteille, près d'un rocher. Le lendemain, j'annonce à ma tentatrice que j'accepte son challenge. On part pour l'Asie. En quelques années, on participe à l'émancipation de peuples opprimés. Par différents types d'actions, de la manifestation classique au jeu des drapeaux, en passant par l'organisation de rencontres diplomatiques, on fait émerger et reconnaître certaines minorités. On se joue des barrières de la langue et on apprend même quelques mots de certains idiomes. On se rend dans les pays du Golfe. On y rencontre les femmes influentes, pour les aider à prendre plus de pouvoir. On relaie leurs propositions. On parle végétalisation, avec la baisse de la demande en pétrole, la question du tourisme se pose et verdir les pays est devenu crucial. En Amérique du Sud, on aide les peuples à choisir leurs représentants, en échafaudant les révolutions tranquilles, qui consistent à se balader un jour ou un autre en fonction du camp que l'on soutient. J'avais émis cette proposition il y a longtemps et je suis content de la mettre enfin en pratique. Je me rends en Argentine, où je passe un peu de temps avec mon fils. Il me dit :

— Papa, arrête un peu. Profite. Ça y est, la paix est là. Prends ta retraite, les gens se débrouillent. Ici on dit que tu te mêles de ce qui ne te regarde pas. Et ils ont raison, c'est ce que tu as toujours fait. Fourrer ton nez partout.

— C'est pour le bien des gens que je fais ça.

— Heureusement ! Mais il faut que tu songes à t'arrêter pour de bon.

Le lendemain, je pars pour le Brésil où une communauté amazonienne lutte pour ses droits. Là-bas, tout le monde est réuni autour d'un arbre immense. Quelques discours ont lieu, on partage le repas et ma compagne me propose que l'on suive un rite chamanique. Je refuse tout en l'encourageant à y participer si elle le souhaite. Elle se rend dans une cabane avec un homme médecine et je reste à parler avec des gens de la communauté. Une citadine me propose un cocktail, que j'accepte. On commence à parler du futur, comment on le voit, la conversation est très intéressante. Elle me sert un deuxième verre. Au cinquième, je n'y tiens plus, elle m'entraîne à l'écart et on s'embrasse vivement. Sa lampe frontale m'éclaire et je ne vois que ses lèvres. Elle me pose encore des questions sur l'avenir et je m'enflamme. Je lui dis qu'un jour, on végétalisera la Lune, tout en faisant pousser des plantes immenses sur terre. Les atmosphères des deux objets célestes vont se rejoindre et par les plantes, on pourra de la Terre rejoindre la Lune. Je lui dis que grâce aux végétaux, on pourra les rapprocher, jusqu'à ce qu'ils se touchent. Ça bouleversera la gravité, l'orbite de la planète, mais on gagnera une place immense. J'ajoute qu'on pourra propulser l'ensemble pour corriger la trajectoire ou se déplacer dans l'univers. Elle a un sourire énigmatique, elle m'embrasse une dernière fois et rejoint le groupe. Au matin, elle a disparu. De la cabane, les cheveux défaits et les yeux dans le vague, apparaît l'ancienne cheffe de l'État. D'une voix rauque, elle me dit :

— Sombre nuit.

— Sombre nuit ?

— J'ai vu des choses magnifiques et puis, c'est venu sur toi et tu t'éloignais de moi.

Je ne me rappelais pas précisément la nuit précédente, mais je me souvenais quand même avoir fait trois bisous à une inconnue. Nous étions au fond de la forêt, mais les réseaux à cette époque étaient si développés que nous captions quand même. À midi, je découvre l'ampleur des dégâts. La lampe frontale de la jeune de femme faisait aussi office de caméra, et la vidéo de ma tête enivrée et libidineuse fait le tour du monde. L'histoire de la Terre et la Lune se rejoignant fait rire la planète. Je n'ai plus l'habitude qu'on se moque de moi et je me sens mal. Ma compagne est catastrophée. Elle braque ses yeux dans les miens :

— Que tu me trompes, passe. Que tu racontes des énormités plus grosses que toi, passe. Que tu ridiculises une cause, passe. Mais les trois en même temps, sous l'œil d'une caméra, c'est affligeant. Il a raison ton fils, prends ta retraite.

Elle est partie. Je suis resté quelques jours. Curieusement, la vidéo a attiré l'œil de la communauté internationale et des soutiens affluent d'un peu partout. Encore une fois, une défaite se transforme en victoire. J'ai appris plus tard que la jeune femme qui m'avait piégé était envoyée par le gouvernement brésilien. Sa mission, qui était de me décrédibiliser, était réussie, mais la déstabilisation s'était arrêtée à ma personne, le combat de la communauté amazonienne s'en était trouvé renforcé. Je suis rentré en France.

J'ai fait une conférence à distance avec mes enfants. Terre était à mes côtés, Mixte en Argentine et Bise au Sahara. Je leur ai annoncé que je prenais ma retraite. J'ai proposé à Bise d'abdiquer en sa faveur. Je lui ai dit qu'il n'y avait plus grand-chose à faire pour la paix mondiale, mais qu'il fallait le faire quand même. Mixte nous a félicités.

Terre était heureuse. Quelques jours plus tard, Bise et son mari sont venus en France et on a fait une petite vidéo de passation de pouvoir. Un petit discours de deux minutes, une cérémonie tout aussi rapide et ma fille était reine. Aussitôt reine, à vingt ans, enceinte, elle s'est envolée pour la Corée du Nord régler en quelques semaines les velléités guerrières de ce pays. Pendant ce temps-là, Terre et moi sommes partis marcher. Elle aimait beaucoup lire. Elle avait lu mon fameux livre et elle m'a dit qu'il fallait que j'écrive quelque chose d'autre. Alors, je lui ai parlé de mon second ouvrage, que je n'avais jamais pris la peine de publier. Elle l'a lu. Elle m'a dit que c'était encore plus fou que le précédent et qu'il fallait que je l'imprime. Je lui ai dit que je voulais qu'il soit illustré. Elle m'a répondu :
— Jack ?
— Non.
— Moi ?
— Pourquoi pas !

Alors, elle s'est mise à dessiner. Je suis exigeant avec elle, mais elle travaille dur. Je voulais faire une bande dessinée sur les origines des espèces. Une autre histoire, bien sûr, que ce que la science actuelle nous propose. Finalement, les illustrations se suffisant à elles-mêmes, il n'y a plus de texte. Mon vieil ami éditeur, le temps est passé mais nous sommes toujours en contact, a accepté de publier l'ouvrage. Il a été tiré à un grand nombre d'exemplaires et il a reçu un accueil hilare. Les gens se sont une nouvelle fois ri de moi, et de ma fille par la même occasion. Cela a créé quelques débats dans la communauté scientifique, ça m'a plu. On a lentement fait le tour du globe. Étrangement, avec ma fille, nous n'avons pas besoin de rencontres amoureuses. Elle ne s'intéresse pas à ce genre de choses et je crois que de mon côté, j'ai fait le tour de la question. De retour en France, j'ai presque quatre-vingts ans. Les femmes et les hommes volent sur de petits appareils individuels, les bâtiments sont recouverts de végétation comestible, il y a des animaux en bonne santé partout. La violence a quasiment disparu, elle est justement réservée à une partie du monde animal. Alors, je me rends dans la Creuse, je retrouve la vieille maison que mon voisin tout aussi âgé accepte de me céder à son tour. L'idée de végétaliser la Lune commence à faire son chemin. Je ne le verrai pas. Je cueille encore des cerises mais c'est de plus en plus difficile. Un matin, je prends une perceuse et je creuse dans un rocher. J'y plante mon épée. Je coule un peu de ciment. Mon épée est encastrée dans le rocher. C'est la paix partout, elle ne sert plus à rien et j'espère que personne n'inventera une guerre pour la déloger. J'atteins cent ans et je sais que je vais bientôt mourir. Je ne me rappelle plus si j'ai vu le vingt-deuxième siècle, j'avais écrit que je le voyais, mais dans les faits, l'ai-je vu ? Il y en aura d'autres, des années et des siècles que je ne verrai pas, je l'accepte. Alors sur mon petit banc, je regarde les saisons passer et je me demande quand je m'en irai pour de bon.

N° d'éditeur : 5672 Dépôt légal : Novembre 2021

Printed by Amazon Italia Logistica S.r.l.
Torrazza Piemonte (TO), Italy

27641455R00076